花季·雨季·树的影子

中小学生心理健康之路

潘子丰◎编著

天天向阳◎创意策划

HUAJI YUJI SHU DE YINGZI

全国百佳图书出版单位

时代出版传媒股份有限公司

安徽人民出版社

图书在版编目(CIP)数据

花季·雨季·树的影子:中小学生心理健康之路/潘子丰 编著.
—合肥:安徽人民出版社,2010.11

ISBN 978-7-212-04071-0

Ⅰ.①花… Ⅱ.①潘… Ⅲ.①中小学—心理卫生—健康教育—研究
Ⅳ.①G479

中国版本图书馆CIP数据核字(2010)第230632号

花季·雨季·树的影子

潘子丰 编著

出 版 人:胡正义　　责任编辑:王光生 周冰倩
装帧设计:陈 爽

出版发行:时代出版传媒股份有限公司 http://www.press_mart.com
安徽人民出版社 http://www.ahpeople.com
合肥市政务文化新区圣泉路1118号出版传媒广场八楼
邮编:230071
营销部电话:0551—3533258　　0551—3533292(传真)
印　　制:安徽联众印刷有限公司
(如发现印装质量问题,影响阅读,请与印刷厂商联系调换)

开本:880×1230 1/32　　印张:8　　字数:200千
版次:2010年12月第1版　　2011年10月第4次印刷

标准书号:ISBN 978-7-212-04071-0　　定价:28.00元

补齐“木桶效应”里的“短板”
——寻找缺失的心理健康教育
（代序）

金　燕

人类的一切学习行为，都是为了生存，学习的目的就在于学会生存。而在这样一个过程中，个人的心理健康程度，往往决定了他的学习能力和生存质量的优劣。

美国著名心理学家丹尼尔·格尔曼在他的著作《情感智商》一书中，对广大中国读者说：“中国的父母向来擅长督促子女在学习与事业上取得较好成绩。但在现代社会中，人生成功所需要的不仅仅是学业优异，还有更多方面的能力。”事实上，学业优异并不一定能带来生活成功，也并不意味着能登上事业的巅峰或开创惊天伟业。当然学习能力也很重要。最终，要想在竞争激烈的现代社会生存并获得成功，光是学业好是远远不够的。几乎所有的人生成功者，都具有较高的自我情感的调节与控制能力。所以他呼吁：“如果中国的父母希望自己的孩子能有美好的未来，就应尽力帮助孩子，使他们早日获得这方面的能力”，所以“我们必须尽快教给下一代基本的情感与社会能力，即情感的基本技巧”。

新华社曾经报道：“近年来，我国学生心理疾患发病率呈直线上升趋势。目前35%的中小学生具有心理异常表现。存在明显心理问题的学生，小学占10%，初中占15%，高中占20%。”《北京青年报》近日载：“我国17岁以下的儿童青少年中，至少有3000万人受到各种情绪障碍引发的行为问题的困扰，儿童行为问题的检出率呈不断上升之势。”“近五年的资料显示，我国儿童行为问题的检出率在13.97%至19.57%之间，留守儿童、单亲儿童、独生子女的心理问题尤为突现。”

针对这些问题，1999年，《中共中央国务院关于深化教育改革全面推进素质教育的决定》中明确指出：“针对新形势下青少年成长的特点，加强小学生的心理健康教育，培养小学生坚韧不拔的意志，艰苦奋斗的精神，增强青少年适应社会生活的能力。”教育部在《中小学心理健康教育指导纲要》中指出：“中小学生正处在身心发展的重要时期，随着生理、心理的发育和发展、社会阅历的扩展及思维方式的变化，特别是面对社会竞争的压力，他们在学习、生活、人际交往、升学就业和自我意识等方面，会遇到各种各样的心理困惑或问题。因此，在中小学开展心理健康教育，是学生健康成长的需要，是推进素质教育的必然要求。”

在这个纲要里，确定了心理健康教育的具体目标和主要内

容：“使学生不断正确认识自我，增强调控自我、承受挫折、适应环境的能力；培养学生健全的人格和良好的个性心理品质；对少数有心理困扰或心理障碍的学生，给予科学有效的心理咨询和辅导，使他们尽快摆脱障碍，调节自我，提高心理健康水平，增强自我教育能力。”

纲要对心理健康教育主要内容作出具体的规定：“普及心理健康基本知识，树立心理健康意识，了解简单的心理调节方法，认识心理异常现象，以及初步掌握心理保健常识，其重点是学会学习、人际交往、升学择业以及生活和社会适应等方面的常识。”

著名的“木桶效应”阐述了一个效率原则——一个木桶能盛多少水，取决于最短的那一块木板。《花季·雨季·树的影子——中小学生心理健康之路》一书，意在关注青少年学生健康成长教育，力图在心理健康成长方面，帮助广大中小学生读者，弥补心理健康教育或自我教育的不足。本书让活泼可爱的中小学生参与情景表演，采用图文并茂的表现形式，围绕教育部《关于加强中小学心理健康教育的若干意见》和《中小学心理健康教育指导纲要》相关精神和基本要求，将影响人类成长客观存在的诸项非智力因素与中小学生成长过程中面临的心理问题，有机结合在一起，帮助中小学生发现与生活学习息息相关的心理学、成功学相关问题，分别从认识自己、责任、选择和诸如孤独、恐惧、愤怒、仇恨等心理现象以及相关的行为表现方面，揭开“人”的神秘面纱；通过如何认识自我的错误，如何面对环境的诱惑，怎样面对青春期和爱情问题等人生话题，让中小学生认识到，在每个人的人生旅途中，总会面临许多问题，需要不断地予以解决，如同淘金一样，筛去沙砾，留下最闪亮的金沙；通过怎样抓住成功的关键要素，诸如机遇、珍惜时光、执著、拼搏等方面的问题的认识，鼓励读者持之以恒地坚持下去，用炽热的追求熔炼最闪耀的人生光芒。

希望这本书的出版发行，能够在心理健康教育方面，对广大中小学生和关注孩子成长的家长起到积极帮助作用，通过大家的共同努力，为提高广大中小学生心理素质做出应有的贡献。

（作者系中共安徽省委教育工委委员、安徽省教育厅副厅长）

目录 Contents

目　录

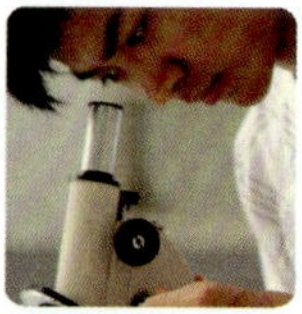

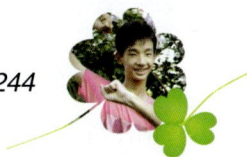

1 Chapter 1 发现自我

导语　给大家介绍几位老朋友——发现的意义

成功学家经过多年的研究发现——几乎所有的诺贝尔奖获得者都具备三个特质：强烈的好奇心、浓厚的兴趣和永不放弃的精神。

美国著名的管理大师彼得·德鲁克提出了需要我们共同思考的三个问题：谁负责你的成长？自我成长的首要课题是什么？成功的关键是什么？这三个问题，在我们的心理修炼过程中，大家会逐渐找到可供参考的答案。

下面给大家介绍几位老朋友，让我们共同感受发现的意义。

牛顿【英】——1665 年至 1667 年间，牛顿从苹果落地的自然现象中，发现了万有引力定律，从而为今天乃至未来空间运载工具的最低推力和速度的下限值的设定提供了精确的科学依据。英国诗人波普在牛顿的碑铭中写了这么一句话："上帝说，让牛顿降生，使一切变得灿烂光明。"

我们的"神舟"和"嫦娥"的成功上天都有牛顿的功劳。

迈尔【德】——1840 年至 1847 年，和焦耳、赫尔姆霍茨共同发现了能量守恒定律，成为著名的热力学第一定律，为能源的转化奠定了理论基础。

门捷列夫【俄】——1869 年，总结出已知化学元素的周期变化规律，并发明了著名的化学元素周期表。预言了 15 种以上未知元素的存在。第一次使化学元素系统化，极大地丰富了人类的知识。

伦琴【德】——1895 年，无意间拍摄了夫人的左手 X 光片。像“妖术”一样，一只活生生的人手瞬间显示成了一个可怕的骷髅。X 射线的发现，打破了 19 世纪末物理学家们自认为对世界已经完全把握的观念，提醒人们物质世界仍然存在许多未知的领域，揭开了现代物理学革命的序幕。

达尔文【英】——1871 年，发表生物进化论，第一次科学阐释生物进化过程。从生物学的角度解释了生命的起源和进化规律。他在《进化论》中指出，生命只有一种祖先，因为生命都起源于一个原始细胞的开端；在《人类的由来》中提出，人是由低等动物渐次演变后，由类人猿进化而来的。

……

这些都是我们的老朋友们在自然科学领域的重大发现。

人类的每一种发现，对人类每个阶段的生存与发展，都起着巨大的积极推动作用。而对“人是什么”这个问题，更需要人们在生活实践中不断地寻求答案，不断地去发现。

“人是什么？”——这是一个古老而又常新的命题。

传说中斯芬克斯最为得意的一个谜语是：“早晨用四只脚走路，中午用两只脚走路，晚间用三只脚走路，在一切生物中这是唯一的用不同数目的脚走路的生物。脚最多的时候，正是速度和力量最小的时候。”

俄狄浦斯一字中底，谜底是“人”，因为“在生命的早晨，人是软弱无助的孩子，他用两脚两手爬行；在生命的中午，他成为壮年，用两脚走路；但到了老年，临近生命的迟暮，他需要扶持，因此拄着拐杖，好像第三只脚。”

斯芬克斯之谜和写在太阳神阿波罗神殿上的箴言 “认识你自己”都表明人类在认识自然的同时，还需要认识人本身。

从古至今，对“人是什么”这个永恒的命题，有许多名家作了精辟的论说。而西格蒙德·弗洛伊德以其“潜意识”理论，对这个命题做了新的解说。

弗洛伊德(1856—1939)，奥地利精神病学家，著名的心理学家，精神分析学派创始人。

弗洛伊德虽然不是发现潜意识的第一人，但是，弗洛伊德研究潜意识取得了惊人的成就。

弗洛伊德无意识理论，专门研讨人的非理性，把所有成人的意识结构和人格结构，看成是由潜意识、前意识、意识，或者说由本我、自我、超我构成的，其中潜意识——本我是人格中最深层次的我，它以非理性冲动为特征，是人的心理过程和精神生活的主要组成部分之一。

他的潜意识理论是人类在认识自己的过程中产生的重要成果，即使我们人类对自身的认识和理解跨进了一大步，同时又推动了二十世纪对“人”自身的研究和认识。

今天我们共同探讨的就是关于人类自我认识方面的心理学和教育学的问题。其中，心理学是以心理现象和心理活动规律为研究对象的科学。它的任务是揭示人的各类心理现象的本质，阐明其特点和规律，从而使人类对自己的精神世界具有充分的科学认识，为完善、改造和发展人的精神世界提供科学依据。就这层意义上来说，这门科学又是人类自我认识的组成部分。

接下来，我们尝试着从人的精神世界的诸多表现来揭开“人”的神秘面纱。

你是谁？——认识自己

在乔斯坦·贾德的《苏菲的世界》里，苏菲曾经收到一封神秘的来信，里边只有三个字。当时苏菲感到很诧异，那么简单的问题还要回答吗？但又很难回答——“你是谁？”

当我们照镜子看着自己的时候，当我们在伙伴中间欣赏羡慕别人的时候，当我们被提问今后你要成为一个什么样的人的时候……对这个问题——“我是谁？”——或许你曾经困惑过，或许还在茫然着。这是一个并不简单的人生哲学命题，很多哲学家仍在研究它。

其实，每个人在一个特定的生存环境中，都时刻需要对自我的确认。这种确认，就是人们在心灵深处对自我的界定和对自我形象的描画。能否解决“我是谁”的问题，决定了我们每一个人才能的发挥。美国神经语言学家、成功学大师安东尼奥·罗宾认为：“你自己心中潜伏着一位能量超常的巨人，但是你知道他是谁吗？那是你自己！”知道了“我是谁”就是改变自己的开始。

人生旅途中的每个人，如果找不到潜藏在自身的超常能量，甚至还不知道有这种力量的存在，就难免遇到一堵墙，挡在前方，令自己寸步难行。

如果你发现了这种能量，悉心呵护和使用它，你就可以操纵自己的整个生活了，然后就能把生活变成自己所喜欢的样子。

这种超常的能量将以“自信”的面目，在你的心灵世界里登台亮相。它会毫不犹豫地占领羞怯、自卑的阵地，泰然自若地驱赶你心中的沮丧和绝望。从此，你的生活变得阳光灿烂，妙不可言。

这种能量是蕴藏在你身体里的伟大而又神奇的力量。它的神奇之处就在于任何人都能够运用。不需要什么特殊的训练，不需要某种特殊的才智，不分贫富贵贱。这种神奇的力量，是一种人类与生俱来的能力。

这个神奇的力量就是选择的力量。只要你给自己一个期许，只要你有对美好的生活渴望，只要你有不断追求卓越的心愿，你的神奇力量就能显现。

北京师范大学于丹教授在她的《论语》心得中，引用了这样一则寓言故事：

在一个小镇上，有一个非常穷困的女孩子，失去了父亲，跟妈妈相依为命。她从来没有穿戴过漂亮的衣服和首饰，非常自卑。在她十八岁那年的圣诞舞会前夕，妈妈破天荒地给了她二十美元，让她给自己买一份圣诞礼物。

虽然她很高兴，但她还是没有勇气从大街上从容地走过，捏着这点钱，绕开人群，贴着墙根朝商店走去。

一路上，她看见所有人的生活都比自己好，满怀遗憾地想：我是这个镇上最寒碜的女孩。看到自己特别心仪的小伙子，她又酸溜溜地想：今天晚上盛大的舞会上，不知谁会成为我的舞伴呢？……

在商店里，她看到柜台上摆着一批特别漂亮的缎子做的发饰。正当她站在那里发呆的时候，售货员对她说：“小姑娘，你的亚麻色的头发真漂亮！如果再配上一个淡绿色的发饰，肯定美极了。”她看价签上写着十六美元，连忙说买不起，还是不试了吧。但这个时候售货员已经把发饰戴在了她的头上。

当这个姑娘看到镜子里的自己时，简直惊呆了，这个发饰竟然使她变得像天使一样容光焕发！

她不再犹豫，掏出钱来买下了这个发饰。她的内心无比陶醉、无比激动，接过售货员找回的四美元后，转身就往外跑，撞上了刚刚进门的老先生。她似乎听到老人在身后一直叫她，但已经顾不上这些了，一路飘飘忽忽地往前跑。

不知不觉地，她跑到小镇最中间的大路上，她看到所有的人投给她的都是惊讶的目光，她听到人们在议论说，没想到这个镇子上还有如此漂亮的女孩子，是谁家的孩子呢？此时，她又一次遇到了自己暗暗喜欢的那个小伙子，小伙子竟然叫住她说：不知今天晚上我能不能荣幸地请你做我圣诞舞会的舞伴？

这个女孩简直心花怒放！她想我索性就奢侈一回，用剩下的这四块钱再给自己买点东西吧。她又一路飘飘然地跑回商店。

刚一进门，那个被撞的老先生笑着对她说：孩子，我就知道你会回来的，你刚才撞到我的时候，这个发饰掉下来了，我一直等着你来取。这个时候，女孩子诧异了，她接过来的淡绿色的发饰，已经不再是她原来在镜子中看到的发饰了——那是她找回的自信，是她选择的自信力量！自信的力量让她变得神采飞扬！

正确认识自己，才能充满自信，才能正确确定人生的奋斗目标。我们对这种力量认识越早，就越早踏上撒满阳光的征途。心中的希望会更加生动，前进的速度也会越来越快，并且还会有更多的人陪着你，和你一样自信地一直走下去。

刺刀的精神——担负责任

中国的春秋时代是百家争鸣的时代，很多思想家开始了活跃的人生思考。孟子就成长在那个时代。他曾经说过：“天将降大任于斯人也”，其中的“大任”就应该是我们今天讲的“责任”。

“刺刀的精神是什么？”

“杀敌！”

这是军队强化士兵责任意识的情景训练。士兵们手持上了刺刀的步枪，在震天的“杀敌”喊叫声中牢记——是一个勇士，就必须冲锋陷阵！士兵必须承担的责任——杀敌！一切努力的最后结果——胜利。

人们降生在这个世界，为的就是承担属于自己的那份责任，诸如对学习、工作、生活、社会和祖国的责任。这一切我们不可推卸的责任是构成积极人生意义的重要部分。

责任是一种对生命的庄重承诺。责任是一种付出，是一种积极的人生态度。勇于承担责任能够让我们以一种认真、负责的态度对待自己周围的人和事，能够给我们带来快乐，这种快乐会让我们心胸豁达。

一个人能够自觉地做好每一件事情并树立负责到底的决心或信念，这就是责任心。

责任心的确立，可以帮助我们克服以自我为中心的人性弱点，有助于我们理解、宽容和关爱他人，也有利于培养我们的自制、自理能力和参与社会竞争的能力，乃至进一步提高我们强烈的社会责任感。

做好自己该做的事情，尽自己应该尽的责任，才能表现出我们为社会尽责的主动意愿。诚恳对待他人，一诺千金，言而有信，既是对他人的负责，也是对自我的负责。从身边的每一件小事做起，我们才能肩负起大

责任。

有些孩子往往以为，只要学习好，今后能考上大学，就可以称作优秀了。他们在生活中经常依赖别人，衣来伸手，饭来张口。很多本应自己处理的事情，往往不愿意做，放弃了自身对他人的责任，对身边的人和事漠然、冷淡、无动于衷。

国外一家电视台曾经出巨资征集“十秒钟惊险镜头”。在许多参赛作品中，一个名叫“卧倒”的镜头，以绝对优势夺得了冠军。

在某火车站，一名扳道工正走向自己的岗位，去为一列徐徐而来的火车扳道岔。在铁轨的另一头，还有一列火车从相反的方向驶进车站。如果不及时扳道，两列火车必定相撞。

这时，他回头一看，自己的儿子正在这条铁轨的另一端玩耍，而那列将要进站的火车就行驶在这条铁轨上。抢救儿子还是立即扳道避免一场灾难——他没有选择的时间。那一刻，他威严地朝儿子大喊“卧倒”的同时，扳动了道岔。

眨眼间，列车进入了预定的轨道。

另一边的火车也呼啸而过。

此时此刻，车上的旅客怎么能知道，他们的生命曾经危在旦夕。他们也无法清楚，一个小生命卧倒在他们脚下的铁轨边——火车在轰鸣中驶过，孩子一动不动地卧着，毫发未伤！

后来，因为这个惊险镜头的获奖，人们才渐渐知道，那个扳道工只是一个极普通的人，他最大的优点就是忠于职守，工作从没有延误过一秒钟。更让人想不到的是，他那险些丧生的儿子，竟是一个弱智儿童。

他曾多次告诉儿子："等你长大了，能让你干的工作太少，要生存，你必须有一样是特别出色的。"儿子弄不明白这话的意思，但唯一能听懂的就是和爸爸玩打仗游戏时，让他"卧倒"的口令，而且动作做得很出色。

一名平凡的扳道工，凭着对责任的坚守，在关键时刻，使这一幕极可能发生的悲剧化险为夷。在平凡中追求的"出色"，瞬间变得那么高尚，甚至伟大。一个扳道工，一个父亲，以坚守责任的方式，出色地实现了对生命尊严的承诺！

生命把属于我们的责任摆在了每个人面前——我们必须抓起来，紧握在手中。

每个人都应该为自己所承担的一切责任感到自豪。要证明我们人格的高尚，最好的方式就是做一个负责任的人，并且善于、乐于、勇于承担责任。因为承担这一份责任，会让我们的生命更有意义，让我们的内心更强大，人生更精彩。

小王子的星球——目标选择

《论衡》的作者王充认为，“初生意于善，终以善；初生意于恶，终以恶。”意思是说，人从年少之时，如果立志为善，结果会是善的；如果立志为恶，结果也必然是恶的。一个人的志向选择，将影响他的一生。

法国作家安东尼·德·圣埃克絮佩里在《小王子》一书里描画了许多星球。在小王子的星球上，有很多有益的植物种子，也有一些可怕的植物种子。比如，猴面包树的种子一旦发芽，生根，就会破坏整个星球的土壤。所以，小王子明白，植物的种子变成幼苗以后，若发现是好苗子，就让它自由生长。若发现是坏苗子，就要立即把它拔除掉。不然的话，坏苗子疯长起来以后，他的整个星球将遭受压迫。

小王子星球的那些种子，就像人们的目标选择一样。那个选择会决定我们将有什么样的未来。

高尚的目标选择，寄托了高尚的人生理想。我们可以把这种高尚的理想比作一盏指路的明灯。如果人生没有这种理想，就不会有

UNDER
STAND
TRAP

坚定的前进方向，一旦失去了方向，我们的生活将是一团化不开的迷雾。

人首先应该有一个符合社会发展方向的人生定位，解决做什么样的人的问题。对生命形象要有一个十分鲜明、生动的描述，离开了这个描述，人就会迷茫，就会失去前进的方向。

志当存高远。做人应该有高远的理想和志向，否则，就会成为一个无所作为的平庸之辈。有了专一的目标，才会有专注的行动。前苏联著名文学家高尔基说：“一个人追求的目标越高，他的才能就发挥得越大、越快，对社会就越有益。”

有作为的人靠的正是这种自强不息的努力与拼搏，才精彩地延续了自己的生命，辐射出耀眼的光和热，照亮了周围的世界。

正如中国近代著名思想家梁启超先生的《少年中国说》所述：“今日之责任，不在他人，而全在我少年。少年智则国智，少年富则国富，少年强则国强……”它让人们清醒地认识到，少年的理想、信念、追求和向往成功的积极人生选择，并不仅仅决定一个人的成长，少年的朝气与进步、发展、创新和强盛，更会促进一个伟大民族的强盛。

其实，人生之旅也像海上航行。没有目标的船，永远到不了成功的彼岸。

有些人，在日常生活中，表现有点慵懒、拖拉，甚至缺乏应有的朝气。问题出在什么地方呢?

从能力的角度看，每个人与其他人相比较，即使不显突出，但综合素养发展应是比较平均的。因为每个人都有自己的智能发展倾向，比如，语言表达能力、认知情感的能力、数理逻辑能力、形象思维能力和审美能力等都存在着不同程度的差异。这种差异是正常的。

但在人生目标和进取精神上，差异大了就不正常了。可以说，这种差异的形成，主要原因就在于每个人是否有了正确的人生目标选择。

现在我们可以认为，有了正确的目标选择，我们的生命才能注入活力，才能帮助我们顺利拉开精彩人生的序幕。

正确的目标选择，是我们努力的依据——有了目标，我们内心的力量才会找到方向，才能在追求中充分释放执著的能量；有了目标，我们就会点亮心中一盏不灭的灯，始终照亮我们的人生旅途；有了目标，我们就能够从“真”的开始，走过“善”的历程，收获“美”的果实。

徜徉在花的海洋
——享受青春

人在成长的过程中，总有那一天，体内开始悄悄地膨胀起一股旺盛的生机，荡漾起一股春潮，又像蓓蕾初绽，更似潮水猛涨……青春期也就悄悄地走来了。

青春期是每个人美妙而又正常的生命阶段，是人的一生中其他时期根本无法比拟的。人类从大约十岁至二十岁，人体的各种器官及其功能都在发生飞跃的变化。男孩和女孩在体形上，出现了明显的性别差异。男孩肩宽腰粗，体格魁梧，女孩则身材匀称，丰满柔润。

到了初中阶段的孩子会出现第二性征，性器官和性功能逐渐成熟。与此同时，情绪也发生了很大的变化，心理感受日渐复杂，自我意识和独立意识日渐增强，这也是生理发育的结果。进入青春期的孩子精力充沛，生活热情高涨。

处在青春期发育高峰的人们，内心渴望与异性接近的声音，逐渐清晰起来。他们用情感相互吸引和接触的愿望，表达着青春的萌动。

文艺复兴时期，著名作家薄迦丘讲了一个关于“绿鹅”的故事。一个少年从小就随父亲远离人烟，在深山中修行。有一天，父亲带着他一同下山。路上有一群年轻漂亮的姑娘，他好奇地问父亲那些是什么。父亲怕儿子被那些姑娘吸引而影响清心寡欲的修行，就

谎称那些姑娘是“绿鹅”。

接着，父亲很严肃地告诉他，那些“绿鹅”会给人们带来祸害。但儿子根本没有一丝的害怕，还央求父亲带一只绿鹅回到山里去。

父亲这时明白了，人对异性倾情的天性是湮灭不了的。

青春的萌动是一种期待，这种期待随着每一个少男少女的脉动跳荡着。一个处在青春期的孩子，当突然面对期待的异性时，会有紧张或激动感，并引起交感神经兴奋，心跳加快，毛细血管扩张。像揣着不安的小兔子一样，为之怦然心动，顿然心血上冲，呈现出羞涩脸红的表情。

屠格涅夫精彩地描绘过这种心理感受：那时候我的血液在沸腾，我的心在发痛，有一种极舒服而又莫名其妙的感觉。我总是在期待着，又好像有什么东西叫我害怕似的，而且我对什么都感到惊奇，我整个身心都准备好去接受什么。我的幻想在活动，一直绕着那一些同样的形象急急地转来转去，就像燕子在晨光中绕着钟楼飞翔一样；我沉思，我悲哀，我甚至掉下了眼泪；然而即使在有音乐旋律的诗歌或者黄昏的惊人的美所引起的眼泪和悲哀中间，青春和蓬勃生命的欢乐感情也像春草似的生长起来。

这是一种浓得几乎化不开的酸涩。这个时期的女生会着意打扮自己，总觉得男生时时在注意自己；男生会有意在女生面前显示自己的风度和才能。

焕发着青春朝气的男孩女孩，由于频繁的接触，倾慕之情也会向他们悄悄地走来，萌动的心会企盼花前月下的低语，共享一片温馨的浪漫……

美啊！但一不留神儿，那些男孩女孩，就可能站到成年人的爱情队列中去。果真是这样的话，就有点为时过早啦！

对待这样的问题，作家张洁在小说《爱，是不能忘记的》中写道："人在年轻的时候，并不了解自己的追求……等你再长大一些，更成熟一些的时候，你才明白你真正需要的是什么。可那时，你已经干了许多悔恨得让你感到锥心的蠢事。"

面对这个青春"咒语"，需要我们注意的是——要树立远大的志向和高尚的目标，集中精力专注于学习，努力培养高洁的道德情操。在与异性相处时，要做到自尊自爱，相互勉励，共同建立真诚的友谊，做一个不偏离航向的水手。

桥下的毒蛇
——摆脱焦虑

在日常生活、学习和工作中，每个人都有一种趋吉避凶的心愿。面临一些问题时，人们往往会把事情的结果想象得很糟糕，以至于越想越糟，感觉越来越无法面对。而在这期间，却很少去考虑应对解决的办法。这种心理反应就具有焦虑的特征。

为了揭开这种“焦虑”的秘密，探讨焦虑产生的过程和基本原因。现在咱们一起走进一间心理实验室，跟着美国心理学家爱利希·弗罗姆教授，感受一下他所精心设计的实验。

这是一个关于心态对人产生影响的心理实验。

在弗罗姆教授的引导下，他的学生走进一间黑暗的房子里。他们顺利地穿过了这间伸手不见五指的神秘房间。

接着，弗罗姆打开了一盏灯，在昏黄的灯光下，学生们不禁吓出一身冷汗。原来，这间房子里面有一个很深的大水池，池子里蠕动着各种毒蛇，有好几条毒蛇正高高地昂着头，朝他们吐着信子。水池的上方，搭着一座很窄的木桥。他们刚才竟然就是从那座木桥上走过来的！

弗罗姆开始说话了："现在，你们还愿意再次走过这座桥吗？"大家你看看我，我看看你，都不做声。

过了片刻，终于有三个学生犹豫地站了出来。其中一个学生刚站到小桥上，就异常小心地挪动着双脚，速度比第一次慢了好多倍；另一个学生战战兢兢地踩在小木桥上，身子不由自主地颤抖着，才走到一半，就挺不住了；第三个学生干脆弯下身来，慢慢地趴在小桥上爬了过去。

接着，弗罗姆又打开了几盏灯。这时，强烈的灯光把整个房间照得亮堂堂的。

学生们再仔细看看，才发现在小木桥的下方，原来还装着一道安全网。由于网线的颜色暗淡，他们当初谁都没有看出来。

弗罗姆大声地问："现在，还有谁愿意再从这座桥上走过去？"

“这张安全网的质量可靠吗？”学生试探地询问，仍心有余悸。

弗罗姆教授又说话了：这座桥本来不难走，可是桥下的毒蛇对你们造成了心理威慑。于是，你们平静的心态被那些毒蛇给打破了。有的同学慌了手脚，分别表现出不同程度的胆怯和焦虑。

这个实验表明，心态对人的行为是有明显影响的。这种影响有时是负面的，有时是积极的。今天，同学们受到的影响，大多数是负面的。

其实，人之所以会焦虑、会担心、会害怕，是因为我们都渴望平安无事。当我们面对可能带来一定危害的事件时，或者对避免危害的能力缺乏信心时，我们的思想、行为和情绪会立刻发生动荡，造成心态的紊乱，身体的肌肉也会不由自主地战栗。

一般来讲，焦虑的人们遇到引发焦虑的情境时，并不是集中精力思考解决问题的办法，而是一门心思地想着可能发生的危害。从而让自己陷入惶恐不安之中，变成不能自主的木偶人了。实际上，这些事情大多数根本不会发生。他们在自己的心里无端地放大危险的程度，也就失去了心理的安适。

按照弗罗姆教授的说法，这种焦虑情绪对人们的影响，有时是积极正面的，有时是消极负面的。下面，咱们对焦虑的影响做一些进一步的探讨。

如果一个人长期处于焦虑状态，就会莫名其妙地忧心忡忡，焦虑情绪会随之持续不断而使人变得不可理喻。这种焦虑情绪反复强化，会出现恐惧症、偏执、强迫行为及恐慌症等。其中的每一种情绪失常，都有其独特的表现形式。如恐惧症对可怕的情形特别担忧，偏执狂则担心发生可怕的灾难而一心要阻止它，恐慌症则可能对死亡忧虑万分。

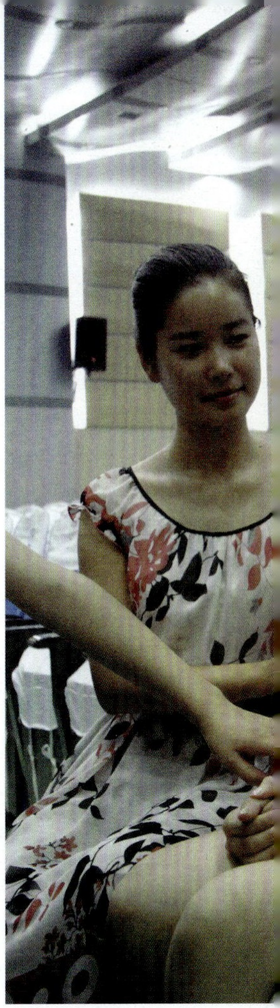

这是一种重度的焦虑，它可能会发展成危害人们身体健康的病态——焦虑症。它会妨碍人们处理面前的危险，甚至妨碍我们的日常生活。显而易见，这种焦虑的发展，一定会对人们的情绪产生消极负面的影响。

当然，焦虑也有积极作用。适度的焦虑可以提高人的警觉水平。这时，人的注意力会更加集中，思维更加敏捷，心理反应加快，从而能更好地解决面临的问题。在一般情况下，比如面临一般难度的任务时，程度较轻的焦虑有利于任务的完成；对于高难度的任务而言，以较低程度的焦虑效果为好。因此，若要提高工作和学习效率，改善生活状态，就应保持一些较轻程度的焦虑。无所谓的态度或忧心忡忡都是一种极端。

在这些情况下，咱们看到了较轻程度的焦虑，对人们的情绪能够产生积极正面的影响。这一点，需要分清程度，合理运用，才能对咱们有所帮助。

在咱们的生活中，很难避免会遇到焦虑问题。从某种意义上说，焦虑就是预演可能出现的危险，从而帮助人们，积极地提前找出解决的办法并加以克服。真正需要我们掌握的应该是认识焦虑，最终解决焦虑问题。

一些简单易行的办法可帮助我们缓解因为焦虑而带来的压抑。例如：经常寻找自我意识中一些别扭的感觉，帮助我们及早发现焦虑。在这个方面，对于我们提前控制焦虑程度的升级特别有帮助。

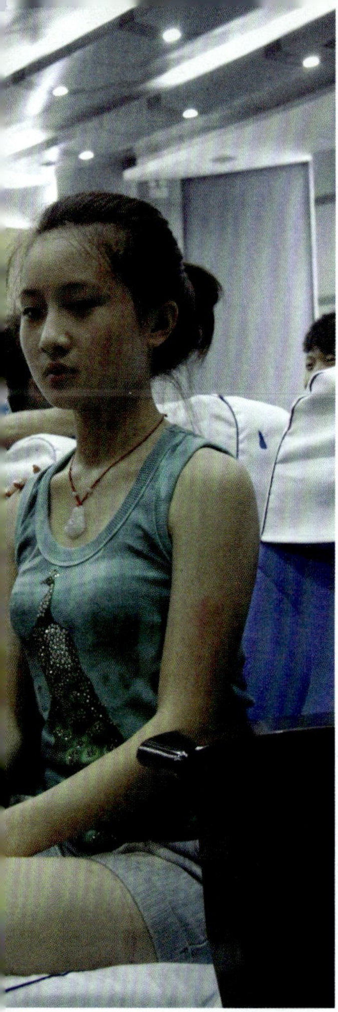

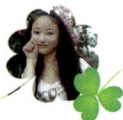

同时，我们也应掌握一些放松的技巧。一旦意识到焦虑出现了，就尽最大的努力，放松我们的身心，通过做放松练习来缓解它。

不过，仅仅做放松练习还不足以解决焦虑。还应主动对焦虑的想法提出质疑：那可怕的事件果真会发生吗？难道就没有其他选择了吗？这种感觉真的能帮助我们克服反复出现的焦虑吗？这种自我注意与质疑的结合可遏制轻度焦虑的发展，同时，主动进入放松状态，及时截断人体各部位的焦虑信号。

古时候有一个和尚，大家都叫他“欢喜禅师”，他每天都欢欢喜喜：

天晴时，他说：“今天天气真好，我可以去化缘。”

下雨时，他说：“今天真不错，我可以静静坐禅。”

客人来时，他说：“今天真好，有个伙伴聊天。”

没客人来时，他说：“能晒太阳，暖和暖和。”

天冷时，他说：“今天不错，我可以不流汗了。”……

所以，认认真真地做好每一件事，坦然地面对每一件事，要比一味地臆想最坏的结果好得多。

我们也可以学学“欢喜禅师”，抑制焦虑，不乱心思，留住快乐。做一个有智慧、善修身的人。

挖掘潜能金矿
——积极暗示

在古代,由于人们对一些事物缺乏科学的认识,对不可预知的未来,往往产生强烈的神秘感。凡是做事之前,大到国家,小到个人,总要通过一些仪式,占卜一下吉凶,最后才能做出行动的决定。

殷商时期的甲骨文,记载的大多是卜辞,用以预测吉凶之事,就可以说明这个问题。这种占卜,用我们今天的眼光来看,大多属于迷信范畴。

古人占卜的方法很多,其中有一种是钱卜。占卜的人把钱币抛起来,通过观察落下来的钱币来判断吉凶。不带有任何迷信色彩,也是最有积极意义的一次钱卜,就是宋朝名将狄青的钱卜了。

狄青率军出征讨贼,在决战的誓师会上,他拿出三枚铜钱。他对将士们说:"现在我把它们扔起来,落地后如果正面全部朝上,表明我军必胜。如果反面朝上,胜利的就是贼兵。"

接着,三个落地的铜钱,全部正面朝上,狄青高兴地大声说:"天助我也!我军必胜,贼军必败!"顿时,军中人心激奋。战场的形势正如钱卜所示,狄青的部队势不可挡,贼军落荒而逃。

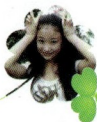

在庆功宴上，狄青拿出占卜的铜钱给众将士看，原来它们的每一面都是相同的！

狄青在鼓励自己的将士时，通过积极的暗示，激发了将士们的昂扬斗志，取得了战争的胜利。

我们联想到古老印度的一个传说。

在很久很久以前，人类曾经拥有过无穷的神力，但人类不知道珍惜，到处滥用这种神力。于是，造物主勃马拉发怒了，他召集众神，提议要收回给予人类的神力。

有的神建议：把人类的神力放在最高的山峰上；

有的神建议：把人类的神力藏在深海之中；

有的神建议：把人类的神力埋入坚硬的岩石之中。

勃马拉不赞成这些建议，他说，如果放在你们说的那些地方，人类都可以找到取走。把神力放在人的内心深处，应该是最好的办法。

也就是说，这种神力就蕴藏在我们的心灵深处。谁发现了它并且唤醒它，谁就能激发出心灵深处的神奇能量。这种神奇能量，就是心理学家们说

的心灵潜能。

心灵潜能就像一座“金矿”，能量无穷，价值无比。事实上，在每个人的心灵深处，确实拥有一座潜能“金矿”。在那里隐藏着一股令人难以想象的推动力，它能帮助我们实现成功的愿望。

其实，成功的第一法则就是开发潜能。人生要想获得成功，首先就要挖掘内心潜能的“金矿”。

既然在每个人内心都有那种潜能，就要研究怎样发现和唤醒它。下面，咱们通过一个心理实验，探究人们是怎么发现潜能“金矿”的。

在确保大家绝对安全的情况下，心理学家把志愿接受实验的人分成两组，让他们互相隔离，分别待在两个房间里，每人面前放了一杯水。

在第一组的房间里，实验者拿出一个蓝色的纸包，告诉接受实验的人们：里面是安全适量的镇静剂药片，每人一包，请服下去，一会儿大家会感到非常舒服地睡过去。

在第二组的房间里，另一位实验者展示了一个红色的纸包，告诉大家：里面是安全适量的兴奋剂药片，每人一包，请服下去，一会儿大家会感到精神抖擞并非常快乐。

两组接受实验的人服药不久，在第一组的房间里，已经有人开始进入睡眠状态，其他人也昏昏欲睡；第二组房间却开始热闹起来，每个人都目光炯炯有神，说话动作幅度开始加大，大多数的人表现出兴奋张扬的样子。

实验预定的时间到了。实验者将两组人员集中到一起，向大家公布实验谁也没预想到的结果：其实第一组服用的是兴奋剂，第二组服用的是镇静剂！由于大家分别接受了不同的暗示信息，药物根本没有对大家的生理机能起到影响，而心理形成的反应却左右了大家的行为。

这种心理现象的确很神奇。在很大程度上，人们的行为方式，往往取决于心理因素的影响，你给他什么样的信号，他的行为就会有什么样的对应表现。

那么，心理暗示又是怎么一回事儿呢？

心理暗示是最常见的特殊心理现象。可以说，它是人类最简单、最典型的条件反射。

心理暗示分为自我暗示与他人暗示两种。自我暗示是用某种意念，对自己的心理施加某种影响，使自我的情绪和意志发生相应的变化。我们在心中默念一种想法，就属于自我暗示。

他人暗示是一个人受到外来的影响，使自己的情绪和意志发生相应的变化。曹操的“望梅止渴”就是他人暗示的典型例子。

在以上的两种暗示中，又有积极暗示和消极暗示的区别。拥有积极人生态度的人，积极自我暗示的能力很强。他们善于控制并排除一些消极的自我暗示。尤其是当遭遇困难和打击时，他们经常对自己说：“我很坚强，我不会倒下”，“我能行”，“我能做好”，“我能闯过这一关”……而抱有消极自我暗示的人，则大多萎靡不振，消极被动。

种瓜得瓜，种豆得豆。我们的心田和土地一样，播撒什么种子都会发出什么样的芽，就会开出什么样的花，结出什么样的果实。

从篱笆墙的缝隙冲出去
——面对孤独

一个人应该从什么时候开始学习独立呢？许许多多家长和教育专家认为从每个人的童年开始，越早越好。对一个儿童来说，不用妈妈搂着睡觉，能自己一个人单独睡在一个房间的时候，就意味着开始学习独立了。

独立意味着自己要独自面临一些问题，独自思考，独自解决，或者在别人适当的帮助下做好某些事情。譬如，每个人都要学会怎样独自面对孤独。

孤独是人们常有的心理体验。这种体验也许是，自己就像一叶扁舟，在大海中无助地飘荡着；也许是孤零零的一个人，在伸手不见五指的黑夜中徘徊着；或许是伴着烈日投下的身影，在漫无边际的沙漠中焦渴着——这就是孤独，远离了人群的孤独。它是在特定的情况下，人的思想和情感，无以沟通、无人理解和认同的感觉。

孤独是一个不容易回避的人生问题。有的人认为，孤独有时候像篱笆墙一样，可以隔开外部喧嚣的世界，保持自我心灵的清净，任由自己安详地畅游自我的精神世界；但它也会隔绝人们从心底

发出求助、理解和认同的呼声，让人无可奈何地忍受茫然不适、孤立无援的心灵隐痛。

在成长过程中，青少年的独立意识和自我意识日益增强，心灵感受非常敏感、细腻，渴望获得认同、鼓励和重视。在这些要求不能得到满足的情况下，就有可能在自我心中，构筑起一道“屏障”，困住内心的世界。

一个人的内心世界，如果长时间被封闭或者与外部世界交流不畅，就会产生挫折感、寂寞感，甚至引发狂躁。

我们需要学会战胜和超越孤独。虽然孤独是每个人都常有的心理体验，但并不是每个人都能成功地战胜自己的孤独。

与“孤独”相反，就是人们常说的“合群”。要摆脱孤独的折磨，就要积极走出封闭荒凉的心灵之境。

对自我恰当的评价，是摆脱孤独的第一步。一个人如果低估了自己，害怕遭到别人的拒绝，就可能难以走出孤独。所以，我们要学着主动亲近别人、关心别人。只要用真心对待他人，他人也一定会真诚地对待我们。这样会让我们发现许多有趣的人和事，使我们在不知不觉中融入热情洋溢的群体，才能让我们感受到各种情感体验所带来的愉悦。通过与人交往，还能帮助我们学到别人的优点，发现自身的不足。

另外，当我们面对孤独的时候，通过培养积极有益的兴趣和爱好，也能帮助我们战胜孤独。这就要求我们着手去培养自己的广泛的兴趣爱好，把精力集中在感兴趣的事物上，积极地揣摩钻研。

如果从这个角度看，孤独并不一定是坏事。它能让我们沉浸于某一项兴趣中，经过自己的努力，还能取得意想不到的成绩。

在生活和学习中，需要我们透过“篱笆墙”的缝隙，进一步理解“孤独”。最重要的是，要有掌控“孤独”的能力。我们要用自信、自立、自强让内心世界丰富起来，用它们来帮助我们战胜孤独和享受孤独。

卡尔丹诺是一面镜子
——远离虚荣

“一天不练，自己知道；两天不练，师傅知道；三天不练，观众知道。”这是梨园行里的一句老话儿。中央电视台曾经报道过一个热爱京剧的小男孩，他说自己最崇拜的明星是刘德华，他的理由是“刘德华得天天练功，这样，刘德华才能成为观众心目中的刘德华”。很多人经常谈论像姚明、乔丹和周杰伦等超级明星的成长历史，佩服他们刻苦努力的精神。因为他们的成功是用流血、流汗换来的，所以会得到大众的承认，会有很多“粉丝”。

这些成功的明星，都有自己积极健康的观念。也许他们努力的方式不同，但都追求真实的奋斗过程，追求真实的成功结果。

在人生的舞台上，每个人都应该有鲜明的角色意识，只有恰到好处地扮演自己的角色时，我们才会觉得心底踏实、安详。

也就是说，根据我们承担的义务和责任，认真地做好我们能做的，做好我们该做的事情，才是我们真实的自己。当有人不择手段，妄想满足非分的欲望时，就会迷失本性，甚至丧命黄泉。

唐朝有个叫宋之问的诗人，他的外甥叫刘希夷，也是个年轻有

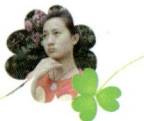

为的诗人。一天，希夷写了一首《代白头吟》，请宋之问指点。

当读到“年年岁岁花相似，岁岁年年人不同”时，宋之问情不自禁地连连称好。晚上，宋之问躺在床上睡不着，对这两句诗念念不忘。心中暗想，此诗一面世，便是千古绝唱，会名扬天下。于是，他起了歹意，把刘希夷害死了。

宋之问为了虚名，居然杀人灭口。哪知此事走漏了风声，败露后皇上勒令宋之问在发配途中自裁！

人人都有欲念，虚荣心往往产生于这种欲念。平心而论，有虚荣心也是人之常情。有时候，一些小的虚荣心，会帮助人产生进取的动力，还能让人得到一些精神的满足。但是，如果对欲念管束不严，也会成为人的致命弱点。

中世纪意大利的数学家塔尔塔利亚，在数学擂台赛上，享有“不可战胜者”的美誉。经过苦心钻研，他找到了三次方程式的新解法。这时，卡尔丹诺上门求教，善良的塔尔塔利亚毫无保留地告诉了他。不久，卡尔丹诺以自己的名义发表了一篇论文，阐述了三次方程式的新解法，竟然将成果据为己有。现在，在数学史上，卡尔丹诺的名字，已经成了科学骗子的代名词。

古希腊寓言家伊索一针见血地指出："虚荣是灾祸的根源。"如果我们想获得个人的幸福，就必须涤除我们身心内在的邪恶欲念，包括虚荣心这个会给人们带来灾祸的东西。

时下，有些学生竞争意识很强，当他学习上不如人的时候，虚荣心得不到满足，于是就用穿着、打扮，或者通过作弊、抄袭等其他错误的方式，显摆自己，来满足那一点虚荣心。这个时候，他就已经迷失方向了。

学生嘛，就要学习好才行。你们说是吧？因为学习好才能为今后更好地生存打下基础。失败了，就勇敢承担，然后重整旗鼓；掉队了，就大胆承认，然后奋起直追。这样才是积极健康的好学生。

荷马史诗里的“特洛伊”——愤怒之火

人们在成长过程中，因为受到不同形式的刺激，会感受到很多情绪。例如喜悦、悲伤、孤独、嫉妒、焦虑、愤怒等。现在，让我们一道探讨关于“愤怒”的问题。

有时候，人们会受到不公正或粗暴的待遇，人格受到侮辱，或在人生追求的过程中受到严重挫折等。在这些刺激下，人们往往会表现出极端激动的心理行为。这种情绪就是愤怒，也是我们常说的生气。往往在这个时候，发怒的人既不宽容，也不讲理，满脑子都是以牙还牙的报复念头。

前几年，有一个中学生，因为邻居家的姐弟俩不爱搭理他，就感到很生气。一怒之下，趁着黑夜，他用菜刀残忍地把那姐弟俩砍死了，让人痛心疾首。他自己也受到法律的严厉制裁。他的一切悔恨，终究不能再让受害人死而复生。

这是曾经发生在我们身边的沉痛教训，切记啊！

愤怒是最难控制的负面情绪。愤怒容易让人失去理智，让人不顾一切，甚至不计后果。由于愤怒而发起的战争，最典型的，应该是荷马史诗里的“特洛伊战争”了。它是历史上最早的、灾难最深重的惨剧。

特洛伊国王柏里亚的次子帕里斯出使希腊，对斯巴达王后海伦一见倾心。当晚，帕里斯王子趁斯巴达国王外出的机会，拐走了海伦，乘船逃回特洛伊。这件事引起了希腊各部族的公愤，斯巴达国王也觉得这是一个奇耻大辱。他们联合起来，渡过爱琴海攻打特洛伊国都。

这场战争持续了整整十年。为此，双方都付出了惨重的代价。如果斯巴达国王没有“冲冠一怒为红颜”，就不会有生灵涂炭的“特洛伊战争”。

在平常生活中，愤怒会伤害亲人，也会伤害朋友。人的弱点一定会在愤怒中显现出来，智慧和人格也会在大发雷霆中消减。

哈佛大学教授丹尼·罗德里克的儿子小时候，常常无缘无故地发脾气。一天，他给了儿子一大包钉子，让儿子每一次愤怒，就在家里的栅栏上钉一颗钉子。

第一天，小男孩就在栅栏上钉了 37 颗钉子。过了几个星期，栅栏上的钉子开始逐渐减少了。后来，小男孩发现控制愤怒，比钉钉子

容易多了……

接着，父亲又建议他，如果一整天不因愤怒而发脾气，就从栅栏上拔下一颗钉子。最后，小男孩终于拔掉了所有的钉子。

在栅栏边，父亲对小男孩说：“儿子，你做得很好。但是，你看一看，那些留在栅栏上的钉眼——当你向别人发怒时，你尖刻的言语就像这些钉眼一样，会在人们的心灵中留下伤痕。无论你说多少次‘对不起’，那伤痕都会永远存在。其实，那种伤害，会给别人带来很大的痛苦。”儿子听后，若有所悟，继而红着脸垂下了头。

既然我们知道了愤怒的危害，我们就应该思考一下，怎样才能避免因为愤怒而发脾气，怎么控制自己极端的情绪，并让它渐渐平息下来。

当我们认识到愤怒将造成严重的后果时，就等于找到了控制情绪的方法。

我们可以从不同的角度，来找出引起愤怒

的原因。这是平息愤怒的开始。回头再看看，我们会发现，愤怒只能把事情越搞越糟。这时候，谅解对方更有助于解决问题。

接着，不妨改变一下我们的心情。心理学家发现，用看电视、看电影、读书或暂时离开让人愤怒的环境等分散注意力的方法，对平息愤怒很有帮助。

要真正成为自己的主人，我们就要学会驾驭自己的情绪。这样，我们才能拥有智慧、理性、沉稳、乐观的优秀品质，才能得到别人的尊重、信赖、关爱和敬佩。

忘了它，离它远去吧——放弃仇恨

有一位高中学生，读完大仲马的《基督山伯爵》，看到在大仲马笔下的爱德蒙·邓蒂斯身上体现出的强烈复仇欲望时，他感到很可怕。对于仇恨的问题，这位同学谈了一些自己的感想。他认为，人不能为了仇恨和复仇而活着。如果一个人把所有的精力，全部集中到复仇中去，当报复欲望得到满足以后，就会陷入无尽的空虚。这种境况，对一个人来说，是最可怕的。我们说这位同学对仇恨问题，已初步找到了自己的解答。

仇恨是一种不健康的心理现象，它不仅会对仇恨对象造成不可料想的威胁，还有害自己的心理健康。仇恨如同缠绕在人内心深处的毒蛇，当人能控制它时，它就不会带来危害。一旦失去控制，就会给人带来致命的伤害。复仇会把一个好端端的人逼向疯狂，使心灵得不到片刻的安静。

古希腊神话中有一位大英雄叫海格力斯。一天他走在坎坷不平的山路上，发现脚边有个袋子似的东西很碍脚，海格力斯踩了那东西一脚，谁知道那东西不但没有被踩破，反而加倍地膨胀起来。

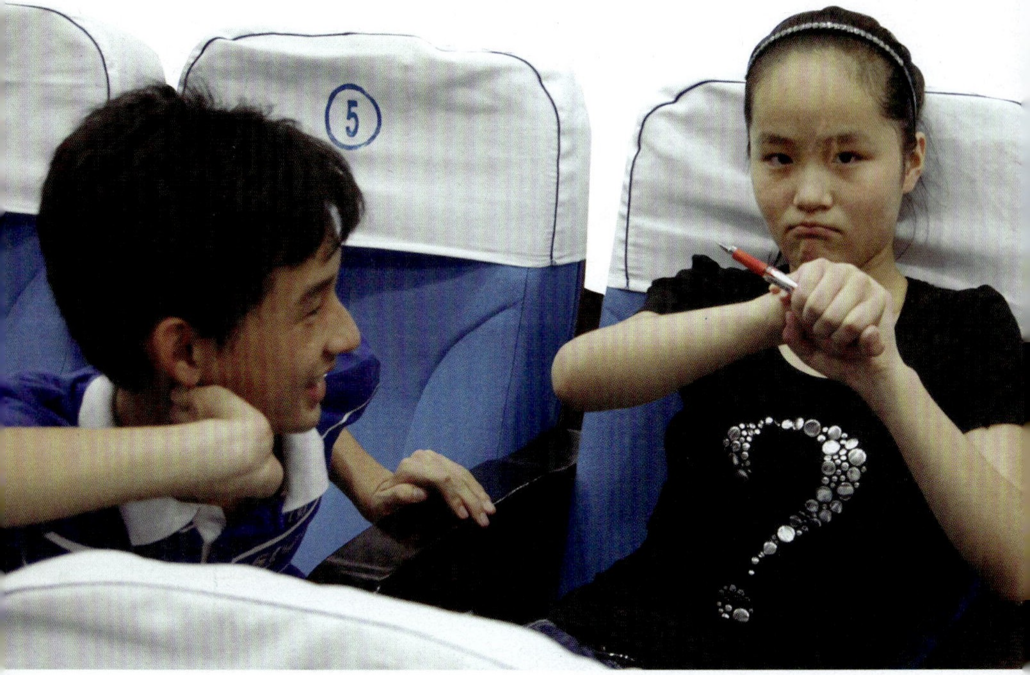

海格力斯恼羞成怒,操起一条碗口粗的木棒砸它,它竟然一直膨胀到把路堵死为止。

正在这时,来了一位圣人。他对海格力斯说:“朋友,快别动它,忘了它,离它远去吧!它叫仇恨袋。你侵犯它,它就会膨胀起来,挡住你的路,与你敌对到底!”

人们因为仇恨而不能自持,就等于送给敌人获胜的力量。报复不仅是对别人的打击,更会摧残自己的身心,会变为成功道路上的巨大障碍。

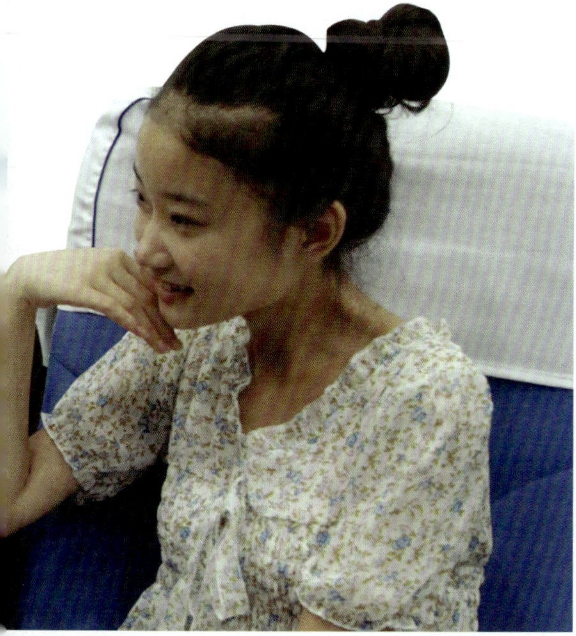

我们再看一个故事，会对仇恨的危害有更加深刻的认识。

从前有一个富翁，年事已高。他有三个儿子，富翁决定把自己的财产全部留给其中的一个。他要求每个儿子都用一年的时间去游历世界，回来之后看谁做了最高尚的事情，谁就是财产的继承人。

一年时间很快就过去了，三个儿子陆续回到家中。大儿子说：“有一个陌生人，把一袋金币交给我替他保管。可是那个人却意外去世了，我想方设法把那袋金币交给了他的家人。”

二儿子说：“一个可怜的小乞丐不幸掉到湖里，我把他救了起来，并留给他一笔钱。”

三儿子犹豫地说：“有一个人觊觎我的钱袋。旅途中，他千方百计地往死里害我。有一天，那个人在悬崖边睡着了。当时，我如果抬抬脚，就能把他踢到悬崖下。但我觉得不仅不能那样做，反而担心他掉下悬崖。后来，就把他叫醒了。”

听完三个儿子的话，富翁点了点头说："诚实、见义勇为都是一个人应有的品质。有机会报仇，反而帮助仇人脱离危险。这种放弃仇恨的行为才是最高尚的。我的全部财产都是老三的了。"

在这段故事的启发下，咱们可以进一步探讨一下，仇恨对人的不良影响。

假如你仇恨别人，心里一定愤愤不平，总希望别人遭遇不幸的惩罚，但现实往往又不能满足你的愿望。随之而来的，是失望和烦躁。接着，你就会失去往日平静和快乐，也就失去了心理平衡。从另一方面来看，由于仇恨一心寻找别人的短处，从言语上贬低别人，在行动上敌视别人，结果使人际关系越来越僵，以致结出更多的仇怨，愈加难以挣脱仇恨的羁绊。

就如莎士比亚所说的："不要由于你的敌人而燃起一把怒火，让心中的烈焰烧伤自己。"所以，不要去尝试报复我们的仇人，不要让自己的心因为报复更加痛苦，否则会进一步伤害到自己。

从这个意义上讲，放弃仇恨，也是一种高尚的情操。所以，面对生活中的一些伤害时，不要产生报复心理，更不要采取报复手段。如果能做到心胸开阔，提高自制能力，用宽容去化解一切怨恨，我们还会因为仇恨而感到可怕吗？

对待恶人坏事，特别是对待反人类、反社会的犯罪行为，当然不能姑息养奸，要旗帜鲜明地维护我们的合法权益和尊严。采用恰当的方式，例如，发挥道德谴责的力量和法律的威慑力，达到充分警示和惩罚、制裁的目的。

释迦牟尼参悟了这个哲理："以恨抗恨，恨永远存在；以爱抗恨，恨自然消失。"同学们，如果你心中还有仇恨，就把它放下吧。

驱散暗夜里的魔兽
——克服恐惧

上个世纪六十年代，是“文革”动荡的时期。那时我还很小。一天晚上，爸爸妈妈被人揪出去批斗了。妈妈临走前，吩咐我到姥姥家躲一躲，免得受到伤害。

路上没有灯光，天太黑了。拐过一条街道就是姥姥家，途中要经过一个祠堂。听大人说，祠堂里有一个叫“墙皮夹子”的吸血鬼（现在明白了，“鬼” 不过是人们为了吓唬小孩瞎编出来的）。当时，很多人都被当成“牛鬼蛇神”，不由得我不相信有鬼。

当我走到祠堂墙根的时候，感觉好像有一个张牙舞爪的怪物在朝我扑来。我顿时浑身冰凉，吓得哇哇大哭起来（现在看，肯定是自己吓唬自己）。后来，好心的街坊把我送到姥姥家……

由于我当时太小，许多东西还不太懂。即便有那种害怕的感觉，也不知道那就叫“恐惧”。当然喽，现在明白了。

每个人在成长过程中，都会有触摸“恐惧”的可能。面对黑暗，每个人都有恐惧心理，总希望有人不停地叮咛着自己——不要害怕，把心中的灯点亮，黑暗终归要过去。

恐惧是一种惧怕的心理现象。这种惧怕，来自于人们认为可能会危及生命的东西。恐惧直接让人联想到死亡。在感到恐惧时，人们会发现自己突然屏住呼吸，或者很清楚地听到自己的呼吸声，甚至渐渐感到浑身冰冷而瑟瑟发抖。

其实令人恐惧的东西并不可怕，可怕的是人们对待恐惧的态度。

传说有个国王非常残忍。他经常用各种残酷的方式处决犯人。一次，有个犯人得知自己第二天将要被处死，刽子手还告诉他，他手臂上将被割一个 5 公分长的口子，让他的血慢慢滴出来，直到鲜血流尽为止。

要眼睁睁地等着自己生命结束，这可能比五马分尸更加残忍。犯人听了惊恐不已，百般哀求，但国王却无动于衷。

第二天一大早，犯人被五花大绑，牢牢地锁在一面墙壁上。墙上有个小孔，刚好可以伸进一条手臂，不让犯人看到自己的手。

接着，犯人感到一阵疼痛，他的手臂被割开一个口。刽子手在地上放了一个瓦罐。

行刑的房间里非常安静。“嘀嗒……嘀嗒……”传来“滴血”声。不一会儿，犯人感觉身体越来越冷，手脚发软，挣扎了几下就死了。

事实上，在墙的另一边，他手上的那个小伤口早就不流血了。行刑手在桌子上放着一个水瓶，那些声音，是水滴的声音。

残忍的国王用这种方式，让犯人放大了自己的恐惧，让犯人用自己的恐惧杀死自己，而不是用那个不足以让他死亡的刀口。

当人们联想最可怕的东西时，可能会把原本不大的恐惧夸大到无法抗拒的地步，以至很快心怀恐惧，继而逃避，未战而败。这才是人们遇到的最可怕的东西。

我小的时候，随伙伴一起到护城河边玩耍，因为刚下过大雨，河堤很滑，不小心，滑进了河里。我呛着水，拼命地扑腾，但根本无济于事。在水中我嘴里冒着大气泡，身体往下沉，我怕极了！突然，有人把我从水里举了起来，我获救了。是一位邻居叔叔救了我！

也就是从那时起，我就开始恐惧深水了，遇到沟塘就特别小心。后来在游泳池，我学会了游泳。我从对水的无知，到惧怕深水，直到了解水性，学会游泳。

对我来说，当初因为差点淹死，才惧怕深水，实际上还是本能地惧怕死亡。学会了水性，自然就不怕水了，当然也消除了对水的恐惧。

这个经历使我们认识到，正常的恐惧心理，可以训练我们应对真正的威胁。

要想真正战胜自己的恐惧，就必须对自己说："我知道我不是那个糟糕境遇的牺牲者，而是它们的主人。"

所以，人们没有必要试图避开恐惧。否则，恐惧就会像饿狼一样，对我们穷追不舍。只有积极面对恐惧、战胜恐惧，我们才能获得安宁。

只要在我们的内心点亮一盏明灯，照亮自己的心性，就能撕去恐惧的面纱，就可以帮助我们征服恐惧。

斩断捆绑心灵翅膀的乱麻——降服嫉妒

目前国家正在全面实施素质教育，目的是力争让每个学生得到均衡的发展，提高自身的素养。但不知道你们注意了没有，学校里总会有个别司空见惯的怪现象，个别学校和班级，自觉或不自觉地仅仅用考试分数论英雄。

当前社会竞争激烈，就业压力大。不能否认，考试，在今后相当长的一个时期内，将仍然是考查一个人能力的主要手段，但不是唯一的方式。在这个方面，国家也在积极努力进行改革，努力以更加合理的方式，让每个人都有充分展示自己聪明才智的机会。

有些同学为了分数排名，一方面积极努力学习，一方面又生怕被别人超过了。个别学生态度保守，不乐意帮助其他同学。手里有一份什么考试“秘籍”之类的资料，更不愿借给别人看。当别人赶超上来了，他并不替别人高兴，要么态度冷淡，要么讽刺挖苦，要么无端指责，要么自己偷着抹眼泪，生出一些嫉妒的心思。

每个人都可能产生过嫉妒心理，怎么解决这样的问题，值得我们共同思考。

由于人的生存竞争，每个人都有成功的愿望，都有一种超过别人的冲动。但是，有些人在不成功和不能超过他人的时候，就会产生一种由不满、羞愧、愤怒、怨恨、烦恼等消极情绪混杂在一起的独特情绪，这就是嫉妒。带有这种心理特征的情感，就是嫉妒心理。

其实，它是一种普遍的心理现象，我们每个人都或多或少地存在这种心理。很多情况下，嫉妒心理的指对的目标，往往是同一个时期、同一个环境中，能力和水平与自己相近的人。因为妒忌心理总是伴随着自卑而来的，是一种人性自私的表现，是负面的感情，是一种不健康的心态。

嫉妒心理对人们产生着消极负面的影响。它对人的影响程度，往往取决于它自身的强弱程度。最初较浅的嫉妒心理，深藏在人的潜意识中，让人有一种酸涩的感觉；如果再发展下去，嫉妒心理就开始显露出来了，妒忌者会做出一些让人讨厌的举动，如挑剔、造谣、诬陷等；嫉妒心理变得强烈的时候，妒忌者内心会混乱而失去理智，于是就拉开架势，向别人进行破坏性的正面攻击，甚至想置别人于死地。

嫉妒心理一旦发展到强烈的程度，就不好收拾了。在小说《三国演义》中，东吴大将周瑜少年得志、英才盖世。尤其他在赤壁大战中，谈笑间，大破曹军八十三万人，更显得意气风发。

但在火烧赤壁之后，周瑜已经容不下与他并肩抗曹的诸葛亮了。每每在关键的时刻，诸葛亮事事都谋在周瑜之前，处处高于周瑜一筹。诸葛亮还能把周瑜的心思看得通透，这更使周瑜嫉妒得寝食难安，除掉诸葛亮的欲念越来越强烈。

而孔明先生总是有办法防备，每一次都能化险为夷。这更使周瑜一次比一次恼怒，最后在“既生瑜，何生亮！”的悲叹中，把自己给活活“气死”了。周瑜因为嫉妒，自食了害人害己的恶果。

据说，强烈的嫉妒心理和仇恨、愤怒等极端情绪一样，都属于人类情绪中的“垃圾”。我们必须设法把它从自己的心灵世界清扫出去。我们怎样才能消除嫉妒心理方面的困扰呢？

克服嫉妒心理，应该是有积极方法的。当别人比自己强时，我们应当把不服气的心理引向积极正面的方向。采取正确的比较方法，拿别人的长处比自己的短处，而不是以己之长比人之短。

咱没有特长，还没有“特短”吗？一旦找到自己的短处，就找到了自己与别人的差距，也就找到了自己的努力方向和目标。这

时候化嫉妒为奋起直追的上进力量，赶上甚至超过别人，应该不在话下了。

人在闲着无聊哀怨的时候，瞅瞅自己，看看别人，往往容易对别人产生嫉妒。如果我们积极参加一些有益的活动，或者努力学习，干好自己该干的事情，做自己喜欢做的事情，充实自己，自得其乐，心有所属，在一定程度上就会淡化对别人的嫉妒。眼界打开了，心胸开阔了，素养提高了，嫉妒的心也就解脱了。

保持心理平衡，也可以克服嫉妒心理。没有花儿香，没有树儿高，即便是一棵无人知道的小草，还能拥抱大地和阳光呢。论身板儿，论相貌，咱是世界上独一无二的。别人发现不了咱的优点，自己还不知道自己的优点吗？别人成功时，咱也可以说上一句“我也能做到”，但要真的去努力才行。不然的话，就不算是一个有积极进取心的人。

我们可能也有被别人嫉妒的时候。假如我们发觉被别人嫉妒了，又该怎么对待呢？这时候我们要乐观对待，应该认识到，一个人的成功不仅仅靠自己的努力，更要靠别人的帮助，荣誉既是自己的也是大家的。端正自己的态度，把自己的姿态放低一些，别贪占名利，更不要得意忘形，主动关心别人，对别人宽厚相待。如果仍然遭到恶意的嫉妒，这时只有集中精力做好自己该做的事情，暂且置之不理，因为路上总会有荆棘的。

就让我们努力做到严于律己，宽以待人吧，打开心灵之窗，洒进灿烂的阳光。自觉抵御嫉妒的入侵。

愚人节也快乐
——识别谎言

上大学的时候，有一次，我的上铺同学回到寝室告诉我，说我家里来人看我了，在楼下等着呐。听完这话，我忙兴冲冲地下楼，但根本没有看见我家里人的影子。当时我就感到很纳闷，我难道被骗了？刚进寝室的门，没等我说什么，那位同学就笑着问我，今天是什么日子？四月一日呀！哦，明白了，我真够“愚人”的。

每年的四月一号，是西方国家的“愚人节”。据说，愚人节起源于希腊神话传说。农业女神德墨忒尔为了寻找女儿，受了宙斯和众神的欺骗、愚弄之后，惹出很多麻烦，给人间带来很大的痛苦。后来为了警示后人，天神们就把四月一日确定为愚人节，用善意的谎言，告诫那些自以为聪明的人，不要轻信他人，干出蠢事。

我以为，愚人节是用谎言戏谑蒙骗友人的节日。据说它也是淘气男孩子们的节日。如果在西方，那一天你们也有可能随时被别人的谎言耍弄，但仅仅是善意的耍弄。

一般情况下，一些说谎者或许能够坚持真实，可能不会直接地说谎、欺骗。但是，当有些人私欲膨胀的时候，不惜损害社会公德，

不惜伤害他人的利益，更不惜丢掉自己的人格。这时，他们就会立即背叛真实。残缺的人格和极端的自私心理，是驱动一些人使用谎言的根源。他们为了获得不正当的利益，不惜采取歪曲事实、虚构捏造、隐瞒真相等欺骗手段，以达到不可告人的目的。

上个世纪九十年代，有几家国内知名的报纸，连篇累牍地报道了一个叫王某某的人，宣称他发明了可以把水变成油的方法。王某某也说自己发明了一种膨化剂，可以把普通的水变成汽油等燃料。他以“水变油”的表演作诱饵，竟然以惊人的价格，把那些膨化剂卖给上当的企业和个人，进行疯狂经济诈骗。其实，他宣称的膨化剂，都是以较低的价格从一般的化工厂买来的普通的工业活化剂。

据统计，截至 1995 年 7 月，王某某的诈骗金额超过 4 亿元人民币，给很多企业和个人造成巨大的经济损失，社会影响极坏。为此王某某也受到严厉的法律制裁。

时间推至今天，仍有一些新闻工作者和媒体，不守职业操守，为了吸引大家的眼球，实现不可告人的目的，刻意制造一些假新闻。

2007 年 7 月 8 日，北京电视台播出的记者暗访《纸做的包子》，新闻一出，轰动全国，让老百姓对街面上的“包子”产生了畏惧。但它是有人炮制出来的假新闻。公安部门很快就查明了事实真相，并最终将 4 名涉嫌制造“纸做的包子”的嫌疑人抓获。制造这条假新闻的《透明度》栏目临时人员也被警方刑事拘留，而北京电视台也为这条新闻专门向公众道歉。道歉了，也是件好事，至少让公众了解到事实的真相，同时，也触动新闻媒体深刻反省到自己应具备的职业操守。

日常生活中的谎言种类很多，其背后的原因也很多，情况也很复杂。刚才我们看到的谎言，可以很明确地看出，它是一种可耻的谎言，是文明社会中的垃圾。但这只是谎言中的一种。

下面让我们看看还有什么样的谎言？对这样的谎言又该怎样评判呢？

有一种谎言属于病态谎言，是说谎者为了被别人认同而说的谎言。说谎者经常习惯利用添油加醋的说谎来引起别人的注意。很多情况下，听话的人当时觉得挺热闹，也没有大的妨碍，说谎的人就会因此获得一种满足感。他们根本没有意识到自己是在骗人，只是为了能赢得他人的注目和赞扬。

还有一种谎言，它本身没有什么恶意，往往是不得不说的，比如一些客套话和托词。这种谎言也是人际关系不可或缺的“润滑剂”。例如，有人要求你参加一个活动，而你却因某种原因不想参加，但你要是直截了当地说出真心话，肯定会刺痛对方的自尊心。你只能编出一套理由来：“真抱歉，今天没时间，我还有一大堆事情要做，以后有机会再说。”

有的谎言是善意的。曾经有过这样一个故事：在一次舞会上，一位说实话的哲学家，见到一位老妇人说：“您使我想起你年轻的时候，很漂亮。”“难道我现在不漂亮吗？”老妇人带着几分戏谑反问他。

哲学家非常认真地说：“是的，比起年轻的您，现在的您，皮肤松弛，缺少光泽，还有皱纹。”

这时，一位爱撒谎的诗人对老妇人说：“你是舞会上最漂亮的女士，如果你能接受我的邀请，我将是舞会上最幸福的人。”

诗人微笑着对老妇人好像又说了句什么，老妇人突然间萌发了青春活力，舞跳得像个快乐的年轻人！

舞会结束了，老妇人被诗人送出门以后，哲学家问诗人：“跳舞的时候你对她说了什么？”

诗人说：“我对她说，我爱你，你愿意嫁给我吗？”

哲学家惊愕地说：“你在撒谎！那是根本不可能的。”

诗人坦然地说道：“没错。她也不会嫁给我，可她很高兴！”

后来老妇人去世了，有人将她的两封信分别交给了哲学家和诗人。

哲学家在他的信中看到：“你是对的，衰老、死亡不可避免。但说出来却如雪上加霜，我将把一生的日记赠送给你，那才是我的真实。”

诗人打开老妇人留给他的信：“我非常感谢你的谎言。它让我生命的最后一段时间变得美妙幸福；它让我的生命重新燃起青春的活力；它融化了我心中厚厚的霜雪。我将把我的遗产全部委托给你，请你用它去制造美丽的谎言去抚慰那些干涸的心灵吧！”

言行真实，不见利忘义，坚决唾弃那种恶意欺骗的谎言；鄙视显摆自我、哗众取宠的谎言；怀着纯真的善意，用美好的“谎言”，像春风一样，去温暖这个美好的世界。

“他大舅他二舅都是他舅”——看清本质

“他大舅他二舅都是他舅，高桌子矮板凳都是木头……”，这是张艺谋在电影《三枪拍案惊奇》结尾的一句唱词。这句唱词来自北方地区的俚语，很朴实地说出了看问题要找本质的道理。

在咱们日常生活中，有些事情通常是无所谓原则性的问题。比如，家长在对待孩子的学习成绩问题，有些孩子已经很努力了。但有时候难免在做作业或考试中出现一些失误，有的家长发现了以后，不是帮助找原因，而是大发雷霆,喋喋不休。用指责代替批评:你真笨,这么简单的问题都答不好,照照镜子,看看你的样子,你能干好什么!……这一番话,肯定会弄得孩子一头雾水,莫衷一是。搞了半天,还是没有找出成绩下降的原因来。

有时候,我们面对一些事情,短时间内很难认识到问题的症结。但人们经历过一些事情之后,通过一段时间的观察了解,就能得到对事情较全面的认识。

为了更好地理解这个问题,下面,咱们可以先看一个发生在两个天使之间的故事。

传说中,有两个天使到一个富人家借宿。这家人对他们并不友好,把他们安排在冰冷的地下室休息。当他们铺床时,年长的天使

发现墙上有一个洞，就顺手把它修补好了。年轻的天使问其原因，年长天使答道：“有些事情并不像看上去那样简单。”

第二晚，两人来到一个非常贫穷的农家借宿。主人是一对夫妇，对这两个天使非常热情，他们把仅有的一点食物拿出来款待客人，然后又让出自己的床铺给两个天使。第二天一早，两个天使发现农夫和他的妻子在哭泣。他们的奶牛死了。年轻的天使抱怨年长的天使，为什么不像对待第一个家庭那样，主动帮助他们，让奶牛死而复生。

年长的天使回答道：“在富人家的地下室里，我从墙洞看到对面堆满了金块。我及时地把墙洞补上，是因为那家主人贪婪，害怕让别人得到他的财富。如果那个墙洞还在，他会以为我们知道他的秘密，到那时，对我们可能不利。昨天晚上，死神来召唤农夫的妻子。善良的人不该早早地逝去，所以我让奶牛用生命代替了她。明白了吧，有些事情并不像看上去的那样简单。你还有什么可抱怨的吗？”

那位年长的天使比另一个天使更加了解事情的真相。在他们遇到的两种情况中，在当时几乎不可能得到及时的解释。只有事情做得差不多了，才有可能揭示真相。从这个角度来看，当时年轻的天使有抱怨的情绪也在情理之中。

其实，当我们遇到一些比较复杂的困惑时，由于一时得不到基本的信息，很难判断出事实的真相。此时人们往往处在困顿之中，不由自主地产生一些焦虑、怀疑、怨恨等不良情绪，令人感到挫折，烦躁不安，缺乏耐心。这些情绪的产生，经常使一些人显得焦虑不已，让烦躁的情绪代替了理性清醒的思考，不自觉地使探究事实真相的方向发生了偏离。

不良情绪一旦左右了人的行为方式，不仅搞糟自己的心态，还容易让人显得没有肚量，也容易改变前进的方向，甚至还会阻碍自己接近成功。

有一个聪明的老师，给学生讲了一个容易让人犯糊涂的故事。他绘声绘色地说着，同学们非常认真地听着……

有三只猎狗追一只土拨鼠，土拨鼠钻进了一个地洞。这个地洞只有一个出口，不一会儿，居然从洞里钻出一只兔子。兔子飞快地向前跑，并爬上了一棵大树。兔子在树上没站稳，不小心掉了下来，砸晕了正仰头看它的三只猎狗，最后兔子终于逃脱了。

故事讲完后，老师开始提问了，“这个故事有什么问题吗？”

学生说：“兔子不会爬树。”

“一只兔子不可能同时砸晕三只猎狗。”

“还有呢？”老师继续问。

直到同学们再也没有其他的回答了，老师才说：“还有一个问题，你们都没有提到，土拨鼠哪去了？”

是啊！土拨鼠哪去了？老师的话，一下子将大家注意的重点，拉回到猎狗追寻的目标上——土拨鼠。

在那个课堂上，因为兔子的突然冒出，大家的注意目标，在不知不觉中偏离了方向，土拨鼠竟然在同学们的头脑中消失了！

在应对比较复杂的事情过程中，我们有时也会被途中横冲出来的“兔子”——一些细枝末节和毫无意义的琐事分散精力，扰乱了视线，以致中途走上岔路，而偏离了自己原先设定的目标。这都是咱们应该注意的问题。

“母亲不能再来这园中找我了”——任性

前些日子，我在办公室接待了一位老同学，他是一个教师。见到他满脸愁容的样子，我就问他发生了什么事情。还没说话，他的眼泪就掉下来了。原来，他 15 岁的女儿离家出走了。听到这个，我心里猛地一紧。他希望我能帮他想想办法把孩子找回来。

我的这位老同学对学生要求很严格，工作也很出色。在对待女儿的教育上也很严格。事情发生在当时一周前的一个晚上，女儿吃完了晚饭，说要去找邻居家的伙伴玩一会儿。老同学没有立即答应，他要求女儿先把作业写好了再玩，女儿很不高兴。他认为女儿快要考高中了，要抓紧时间学习，不能再贪玩了。接着，他就训了孩子几句，可是女儿根本听不进去，气冲冲地一甩门就出去了。

当时他也很生气，觉得这孩子也太任性了，就没有马上追出去拉她回家。可是，哪想到就这么短短的几分钟时间，女儿就没有踪影了。我的老同学和他的家人到处都找遍了，还是没见着女儿的人影。他们还向派出所报了案，差不多有二十天了，女儿仍然是杳无音信。

说到这里，这位老同学已经情不自禁，泣不成声了。

后来，他女儿的同学提供了她的 QQ 号。我们还是通过网上 QQ 的 IP 地址，找到了她。那家接纳他女儿的网吧，也依法受到了行政处罚。

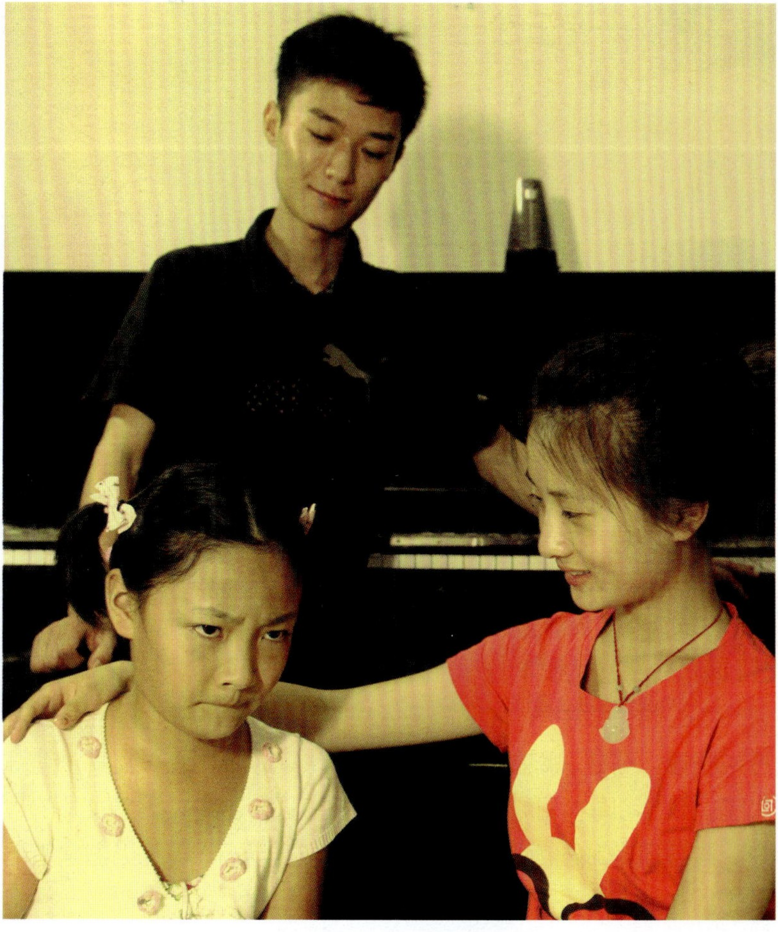

老同学找回了孩子，也反省了自己的教育方法。他的女儿能不能也找回一些别的东西呢？譬如对“任性”的认识？他的女儿有没有想到，只因为自己的任性，就让家长经受了让人揪心的煎熬。

任性主要表现为固执，一意孤行，不听从别人的劝告，不考虑客观环境和条件如何，自己想说什么就说什么，想做什么就做什么。任性就是放任自己的性子而不加以约束。

任性是青少年常见的不良性格。人们都喜欢自由，在我们日常生活中，有些人往往把任性理解成自由，任性往往也是在不稳定的情绪控制下，产生的不计后果的自由。有些青少年为了满足自己的某种需要，就通过任性来要挟家长。这种不理智的行为不仅会伤害自己，也会给他人造成不必要的伤害。

著名作家史铁生先生曾提及他年少时因为任性，对他的母亲造成了伤害的往事。等长大成人后明白了自己的过错时，他的母亲已经不在了，这给他留下了无尽的悔恨。

他在《我与地坛》一文中这样写道：“摇着轮椅在园中慢慢走，又是雾罩的清晨，又是骄阳高悬的白昼，我只想着一件事：母亲已经不在了。在老柏树旁停下，在草地上在颓墙边停下。又是处处虫鸣的午后，又是鸟儿们归巢的傍晚，我心里只默念着一句话：母亲已经不在了。把椅背放倒，躺下，似睡非睡挨到日没，坐起来，心神恍惚，呆呆地直坐到古祭坛上落满黑暗，然后再渐渐浮起月光，心里才有点明白，母亲不能再来这园中找我了……”

“有一回我坐在矮树丛中，树丛很密，我看见她没有找到我；她一个人在园子里走，走过我的身旁，走过我经常呆的一些地方，步履茫然又急迫。我不知道她已经找了多久，还要找多久，我不知道为什么我决意不喊她——但这绝不是小时候的捉迷藏，这也许是出于长大了的男孩子的倔强或羞涩？但这倔只留给我痛悔，丝毫也没有骄傲。我真想告诫所有长大的男孩子，千万不要跟母亲来这套倔强，羞涩就更不必，我已经懂了可我已经来不及了。”

就是这样，我们不经意的任性或是自以为聪明的任性，带给我们自己的、带给他人的都可能是我们没有预见到的后果。

你们正在成长中，一定要认真对待自己的任性，要及时矫正。否则，对自己的成长，对将来的生存都会产生不利的影响。

任性的危害非常大。任性的人往往以“自我为中心”，表现了一个人缺乏自制力的个性缺陷。任性让人难以合群，不适应群体生活，容易感到孤独，有时候甚至会影响到人际的和谐。如果长期发展下去，就会变得蛮横无理、胡作非为，甚至会造成不堪设想的后果。

任性通常会伴随着烦躁、愤怒情绪，容易造成情绪失控。为了我们的身心健康，我们应该学会控制自己的情绪，调节好自己的心情，让好心情一直与自己结伴同行。同时，在自己与他人的互动中，形成正确的自我意识。这样就等于掌握了情绪控制的主动权，我们才能做自己情绪的主人，才能行之有效地避免任性。

那么，从现在开始，就把任性从我们心灵的空间里删除出去吧，这样我们心胸会更加开阔，视野会更加旷远，一切都会变得清新、宁静、安然。

捅马蜂窝带来的痛——逆反心理

马蜂窝你们见过吗？如今，在城里很难见到了。在乡下的树丛里或者屋檐下，还能够经常见到。

我小的时候，曾经品尝过被一群马蜂蜇咬的苦头，那个痛啊，就别提啦！有一次，在乡下姑姑家的村边树林里，在几个大孩子的撺掇下，由于年龄小，不经事儿，为了表现我的“勇敢”，我毫无畏惧地拿着一根秫秸，捅散了一大窝的马蜂。捅完了，我撒腿就跑。没想到，那群受到惊扰的马蜂，竟然追风似的紧随着我，对我进行了“正义的反击”。接下来就感觉头上剧痛，背上剧痛，浑身上下到处痛。我知道惹麻烦了，原来，捅马蜂窝的游戏并不好玩儿！这种明知不可为而为之的心态就是逆反心理。

老子这样说过：“太上，不知有之；其次，亲而誉之；其次，畏之；其次，侮之。信不足焉，有不信焉。悠兮其贵言……”意思是说，最明智、最有作为的君主，百姓几乎不知道他的存在；境界低一个层次的君主，能使百姓爱戴和赞美他；境界再低一点的君主，让百姓畏惧他；层次最低的君主，只能得到百姓对他轻慢和蔑视。百姓就不会信服不讲诚信的君主。明智的君主，不用苛政扰民。

我们从老子的思想里，可以得到这样认识，对管理者来说，就是要在尊重事实的基础上，按照事物发展本来的样子，做出合乎情理的决策，进行有效的管理。同时，管理者自身也应客观公正地认识他人，帮助和关心他人。否则，会使抵制、反抗的情绪，在整个管理环境中日益增加，致使变成一种对抗的力量，最终招致轻慢和蔑视。

对正在成长中的青少年来说，作为受教育者，由于思想单纯，认知能力有限，在接受约束和教导过程中，难免遇到不尽如人意的人和事，往往会从心理上作出相应的回应。在各种心理回应中，有一些逆反心理是较为常见的。

到此，咱们发现了那种强烈的力量，就是逆反心理。这种心理是怎么回事呢？在咱们生活中间，又该有怎样的认识呢？

逆反心理是客观环境或人为的强制力量，对人们的愿望造成压抑时产生的一种对立心理活动。它具有强烈的抵触倾向，是一种具有强烈抵触情绪的态度。

逆反心理是一种消极的抵抗心理，这种心理一旦产生，就会形成一种固定的思维模式，对家长和教师的教育，甚至对所有的言行都持否定的态度。久而久之，还可能导致矛盾激化。

从人们成长的角度来看，十二三岁到十七八岁这段时期，青少年的生理基本成熟，认识和情感有了飞速的发展，理想、信念、世界观开始形成了。在这个阶段，身体发育加快，成人感和独立意识增强，由于生理成熟与心理成熟的不平衡性，受自我意识觉醒以及由于本身的条件又没有达到成人水平，思想一般肤浅、片面，情感动摇不定，意志缺乏自制。

由于受到这些不足以让老师、家长把他们当作成人看待等因素的影响，青少年的心理发展呈现出错综复杂，矛盾重重的局面，似乎只有反抗、敌对才是以显示他们的独立、坚强。

有些老师、家长禁止青少年做某事，有时却又不说明为什么不能做的理由，结果适得其反。使得既“不要这样”也“不准那样”之类的禁令达不到应有的预期效果。往往对被禁止或批判的电影、文学作品、理论文章怀着极大兴趣去观看、查阅……青少年多数具有强烈的好奇心，由于好奇心过强，会形成一种特殊的心理需要。受好奇心的驱使，他们喜欢新事物和新知识。一般说来，人们对于越是得不到的东西，越想得到，越是不能接触的东西，越想接触，这就是所谓的“禁果逆反”心理。好像被禁的果子是甜的，有时好奇心驱使青少年甘冒受惩罚的风险，去品尝也许并不甜的“禁果”。

有的家长对孩子的态度过于粗暴，动辄斥责甚至打骂，有的老

师对学生的态度不一致，对一些学习能力低、成绩差的学生抱有偏见。受到不公正待遇的学生，自尊心受到挫伤，心里有气没处发泄，于是便以消极抵抗的态度来发泄内心的不满，产生抵触情绪。

以上咱们认识到逆反心理的一些副作用的现象，但一般情况下，任何事情都有两面性。逆反心理虽有妨碍青少年发展的一面，但也有很多积极的效应。我们怎么利用这种积极的效应帮助成长呢？

青少年产生逆反心理，是他们天性的自然流露。现代社会充满竞争，迫切需要具有创造性思维、能开拓、能进取的人才。在逆反心理中，就包含有许多积极的心理品质。在一定程度上，它反映了青少年自我意识强、好胜心强、勇敢、有闯劲，能创新的特点。

在某种程度上，逆反心理能防止一些不良心理品质的形成，例如，忧郁、自闭、冷酷、反社会等。逆反心理强的青少年，在不顺心的情况下，或者在愤懑、压抑、不满的时候，敢于发泄，他们会及时释放有碍自己身心健康的不良情绪。他们以这种形式保持心理平衡，有时也能起到维持身心健康的作用。

这样看来，在我们身边的确有一种叫“逆反”的心理因素存在。怎样认识和把握这种心理，决定着每个人健康个性的成长。我们该怎么办呢？

当我们发觉对特定的对象产生逆反心理时，应该主动地触摸对方的心灵。当我们自身也产生逆反心理时，应多与家长、老师沟通，这是改善心态的最好的办法，帮助我们相互理解，实现心灵的和谐，及时获得正确的指导和支持。这样才能感受到人际和谐的快乐和幸福。

周杰伦也“触电”——青涩的爱情果儿

周杰伦第一次“触电”就是他导演了电影《不能说的秘密》。

我以为，这是我曾经也是你们中学时代的孩子们（也许现在，我不该称你们为“孩子”了）喜欢的东西。一张薄薄的 DVD 藏了一个“不能说的秘密”，让我陪你们一起看吧。

在一所艺术中学一座百年历史的旧楼里，在一段神秘的钢琴曲中，一场穿越时空的爱情故事就这样开始了。小雨是一个清秀脱俗的女孩，她喜欢上才华横溢的小伦了。他们经历从相遇、相识到相恋的曲折离奇的过程。最后，可爱的小雨还是从小伦的世界里消失了，变成了一个不能说的秘密。

为什么他们会有爱恋，为什么还要经受那些揪扯人心而又凄美的残酷……

是呀，弄了半天，对爱情这个“不能说的秘密”，很多做父母的还真的不知道该怎么说。但在咱们面前，似乎这个问题又变成了一个“非说不可的秘密”。

你们已经是青春萌动的少男少女了，在人类成长的这个年龄段里，正常情况下，每个人内心里都会开始产生那种东西，令人躁动不安。有一种冲动就像不服从管束的怪兽一样，在青春的心灵世界里胡乱冲撞着。也许这种冲动就是情欲，或者情爱，或者爱情吧，总之，谁都会迟早面对谈情说爱的问题。

这种心理的变化正说明了孩子已经长大了，快要成年了。开始“遭遇”关于爱情的问题了。作为家长总希望自家的孩子能够牢牢牵住内心深处情欲的怪兽，不要让它们胡乱逃窜，以免伤了别人，也伤着自己。更希望每个孩子都能把自己的感情之路走好。

我相信，你们心里应该也开始有数了。但，爱情究竟是什么呢？

当一个人进入青春期以后，便会自然萌发对异性的向往和追

求，从自己的审美标准，价值取向、修养水平出发，朦朦胧胧地憧憬起自己理想中的"情人"来。萌生出的潜在而令人兴奋的欲念，它在心头燃烧，不时激起内心的躁动和期望。这可能就是爱情的幼芽。

爱情是人类特有的精神现象，它是从人的一些生理方面的需求而萌生的，并带有与社会密切关联的深刻内容。在爱情方面，大自然给人类提供了两性的区别、人类的繁衍、人的本能需要等一些天然的因素。但在大自然中，人类的灵魂具有独特的意识、情感、志趣等复杂的精神特征，这也是人与一般动物的区别，它也决定了人类选择配偶的复杂性。

著名诗人舒婷在她的《致橡树》里，用诗的语言这样阐释爱情：

我如果爱你——/ 绝不学攀援的凌霄花，/ 借你的高枝炫耀自己；/ 我如果爱你——/ 绝不学痴情的鸟儿，/ 为绿荫重复单调的歌曲；/ 也不止像泉源 / 常年送来清凉的慰藉；/ 也不止像险峰，/ 增加你的高度，/ 衬托你的威仪。/ 甚至日光 / 甚至春雨 / 不，这些都还不够 / 我必须是你近旁的一株木棉，/ 作为树的形象和你站在一起。/ 根，相握在地下；/ 叶，相触在云里。/ 每一阵风吹过，我们都互相致意，/ 但没有人 / 听懂我们的言语 / 你有你的铜枝铁干，/ 像刀像剑也象戟；/ 我有我红硕的花朵，/ 像沉重的叹息，/ 又像英勇的火炬 / 我们分担寒潮风雷霹雳；/ 我们共享雾霭流岚虹霓；/ 仿佛永远分离，却又终身相依 / 这才是伟大的爱情，/ 坚贞就在这里 / 爱 / 不仅爱你伟岸的身躯，/ 也爱你坚持的位置，/ 足下的土地。

这是舒婷的一首优美、深沉的抒情诗。它所表达的爱，不仅是纯真的、炙热的，而且是高尚的、伟大的。它像一支古老而又清新的歌曲，拨动着人们的心弦。

从这个意义上讲，爱情是随着对对方的细心观察和冷静思考，在互相尊重的基础上，本着平等的原则，经过慎重地审视和选择，诚心地培养而产生的。也可以说，爱情是感情的倾注和心灵的呼应。

产生爱情的原因很多，也很微妙。一般来说，爱情都是由心灵的撞击开始的。这种撞击,往往是人们内心期盼一拍即合的呼应。许多青年都爱把书中的人物或者演艺明星当作自己心中的偶像。当某个人吻合了自己的偶像,就能唤起自己的爱恋。这就"顺藤摸瓜"似的引出了"一见钟情"的话题。

所以,咱们还得继续探讨这个"非说不可的秘密"。

人们所钟爱的对象,往往是第一个打动自己心灵的人。所以很多人在邂逅相遇之后,就心心相印,一见钟情。在历史上,确实有许多一见钟情的佳话,《西厢记》中张生和崔莺莺"花前月下",罗密欧与朱丽叶初见"相见恨晚",宝玉、黛玉相遇"似曾相识"等故事被广为传颂。

从心理学角度看,一见钟情是一种正常的心理现象。每个人都有自己的审美标准,但在这个标准的引导下,找到跟自己理想相吻合的对象却是不容易的。一旦这个人出现在自己的面前,或者自己发现了这么一个人,他们就会欣喜若狂,油然升起一股爱的激情。有些人往往把对方进行理想化的"加工","白马王子"或"西施"就留在了心中。这时所钟情的人往往会变得无上的"完美",而对其一些缺憾却"忽略不计"了。

但真正的爱情必须在倾慕对方外表的同时,更注重对方的心灵品质。有时候人们不会忽视的一见钟情的因素,但也不能只凭一见钟情而匆匆决定自己的情爱投向。

因为一见钟情毕竟是一种感性的心理活动,这种感情大多产生于对对方外表、举止的表层爱慕之上,很难达到对对方品格、信念、志趣、性格的全面了解,远远不能深入到人的本质。一见钟情的结果,大多数并不美满,所以,应采取审慎的态度为好。

在法国作家雨果的《巴黎圣母院》里,女主人公艾斯·梅哈尔达钟情于国王卫队长法比风流潇洒的外表,却没有人认清他卑鄙丑恶的灵魂。当她身陷囹圄思念法比时，法比却正沉醉于和贵妇们调情玩乐之中。最后，她的生命也葬送在这场爱情的悲剧里。

因此傅雷先生曾经告诫他的儿子："热情是一朵美丽的火花，美则美矣，无奈不能持久……不考虑性情、品德思想等，而单单执著于当年一段美妙的梦境，希望这梦境将来成为现实，那么，我警告你，你可能遇到悲剧的！"

爱情是人生大事，对这个问题，有两位父亲给自己步入成年的孩子分别写了一封信。让咱们共同读上几句，看看应该怎样对待那个"非说不可的秘密"？

一位父亲说，爱的魅力，它可以发展到像高耸的山一样，美丽、壮大。那是人类所有感情里最大、最强，最充满期待的。年轻人自然而然地会坠入与特定对象恋爱、结婚的想法之中。我们描绘着理想对象的模样，梦想永远结合在一起过幸福生活的情景。可是，那永远的焦点却必须设定在现实的世界里……

另外一位爸爸告诉自己的孩子，谈了爱情，必然要涉及追求。我认为首要的是要有共同的理想和信仰，这是美满爱情的纽带。只有爱情和事业的结合才会带来甜蜜的生活。当然，男女双方也可以通过互相尊重，在爱情的推动下，找到共同的理想和信仰。

是的，只有把爱情和事业结合，才能克服仅仅为了生理满足而造成的感情危机，才会带来甜蜜的生活。爱情之花必须永远扎根在现实的沃土之上，否则它会很快凋零枯萎。

对你们来说，把握爱情来临的时间应该是最关键的。假如我们正在去"西天取经"的路上，相信你们，不会为了一朵爱情之花的鲜艳而停下脚步。把握人生每个阶段，走好每一段路非常重要，因为你们的人生道路还很漫长……

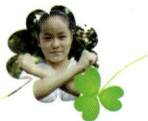

石头与砖头
——生命的意义

在六百多年前的法国，著名的化学家尼可·勒梅写了一本书，叫《炼金术》。他在自己的书中说，他用一些红色的石头和水银混在一起，炼出了纯金，有人说，他的妻子长春可以作证。后来有人传说尼可·勒梅夫妇有一块魔法石，可以让人长生不老。

对于人来说真正美妙的东西是什么呢？自人类进入文明以来，

很多人都在思考这个问题，特别是对生命意义的思考。现在，咱们也带着这个题目，从中国的先贤那儿开始，一起探讨生命的意义。

传说两千多年前，老子骑青牛过函谷关时，遇见了一位鹤发童颜的老翁。这位老翁见了老子就沾沾自喜地说："我今年都一百零六岁了。从出生到现在，一直过着轻闲的日子。我就不明白，那些和我同年龄的人都挨个儿地死去了，他们苦心尽力地干了一辈子，也没享受到荣华富贵，死后却葬身于荒野郊外。先生，是不是我现在可以嘲笑他们忙忙碌碌劳作一生，只是给自己换来一个早逝呢？"

老子听了，吩咐尹喜找来一块砖头和一块石头。老子将砖头和石头放在老翁面前说："如果只能选一个，您是要砖头还是要石头？"

"要砖头。"老翁得意地将砖头拿到自己面前。

老子问老翁："为什么呢？"

老翁指着石头说："这石头没个正形，要它何用？砖头有用处。"

老子又招呼围观的人问："大家要石头还是要砖头？"他们都纷纷说要砖头不要石头。

老子回过头来问老翁："是石头寿命长呢，还是砖头寿命长？"老翁说："当然是石头喽。"

老子说："石头寿命长人们却不择它，砖头寿命短，人们却择它，不正是因为它有用吗。万事万物都是一样的。生命虽然短暂，但对自然和人类有贡献，自然界和人类就欢迎他，怀念他；寿命再长，如果对自然和人类没有用处，是不受欢迎的。"

老子的这段传说故事，应该是对生命意义的一种哲学思考。他强调生命要有价值，也就是说，对社会做出更多有意义的事情，对人类做出更多无私的奉献，生命的价值才能充分体现出来，这样的人生才是美妙的。这时，刻意地追求长久的寿命更显得狭隘和渺小。接着，咱们看看，一个诗人是怎样理解两种不同品质生命的。

一九四九年十一月，著名的诗人臧克家为纪念鲁迅先生逝世十三周年，作了一首诗《有的人》："有的人活着，他已经死了；有的人死了，他还活着。有的人骑在人民头上：'呵，我多伟大！'有的人俯下身子给人民当牛马。有的人把名字刻入石头想‘不朽’；有的人情愿作野草，等着地下的火烧。有的人他活着别人就不能活；有的人他活着为了多数人更好地活。骑在人民头上的，人民把他摔垮；给人民作牛马的，人民永远记住他！把名字刻入石头的，名字比尸首烂得更早；只要春风吹到的地方，到处是青青的野草。他活着别人就不能活的人，他的下场可以看到；他活着是为了多数人更好

地活着的人，群众把他抬举得很高，很高。”

这首诗不单纯写对鲁迅的怀念，而在通过与鲁迅截然相反的“有的人”对比中，彻底抛开生死的自然形态，从精神层面的角度理解生命的意义。

这时，我们可以认为，人的生命有两个系统：一个是自然形态的生命系统，一个是精神层面生命系统。精神层面的生命需要依靠人们自然状态的生命来承载。自然状态的生命很容易被摧毁，但精神层面的生命却可以在其他自然状态的生命中继续传承和延续。这两个系统的完整统一构成了生命的真实意义。

从这个意义上讲，自然形态的生命死亡，并不意味精神层面生命的死亡，而是获得精神生命的诞生。在历史和现实中，许多民族英雄、革命先驱都是鲜明的例证。

孟子说：“生，亦我所欲也；义，亦我所欲也；二者不可得兼，舍生而取义者也。”在这里自然形态的生命可谓“生”，精神层面的生命可谓“义”。而这“舍生取义”，恰恰是崇高的人生境界。

在我们现实生活中，还将会有更多崇高的人们站出来，他们仍然勇往直前，一直用他们的付出感召着、引领着更多的人前行。我们也应该站在这个队列中！

2 Chapter 2 完善自我

导语
非走不可的路

现在让我们继续共同探讨，在人生之旅上，还有哪些可贵的东西，在等待着我们——下面是一篇散文，让我们共同欣赏：

在青春的路口，曾经有那么一条小路若隐若现地召唤着我。

母亲拦住我：那条路走不得。

我不信。

我就是从那条路走过来，你还有什么不信？

既然你能从那条路走过来，我为什么不能？

我不想让你走弯路。

但是我喜欢，而且我不怕。

母亲心疼得看我好久，然后叹口气：好吧，你是个倔强的孩子，那条路很艰难，一路小心。

上路后，我发现母亲没有骗我，那的确是条弯路，我碰壁，摔跟头，有时候碰得头破血流，但我不停地走，终于走过来了。

坐下来喘息的时候，看见一个朋友，自然很年轻，正站在我当年的路口，我忍不住喊：那条路走不得！

她不信！

我母亲就是从那条路走过来的，我也是。

既然你们都可以从那条路走过来，我为什么不能？

我不想你走同样的弯路。

但是我喜欢。

我看了看她，看了看自己，然后笑了：一路小心。

我很感激她，她让我发现自己不再年轻，已经开始扮演“过来人”的角色，同时患有“过来人”常患的“拦路癖”。

在人生的路上，有一条路每个人非走不可，那就是年轻时候的弯路，不摔跟头，不碰壁，不碰个头破血流，怎能练出钢筋铁骨，怎能长大呢？

这是我国现代著名作家张爱玲写的一篇散文。《非走不可的弯路》，脍炙人口，令人回味无穷。揭示了人生成长的规律，每个人都必须认真面对，别人很难替代，自己的路，要自己走好！

在大家的旅途中，总需要不断地解决很多问题，如同唐僧西天取经，必须经历九九八十一难一样。我们通过学习生存的技能，借鉴前人和别人的成功经验，可以让我们走得更好！

近朱者赤
——成长环境

在学校规定的学生行为要求里，有这样的内容——禁止未成年人进入网吧和游戏厅，以及其他娱乐场所，远离黄、赌、毒等等，就是教育你们和更多的未成年人保护好自己，免受社会不良行为和违法犯罪行为的侵害，努力为你们创造良好的健康成长环境。

当前，人对环境的依赖，很大程度上是对社会的依赖。一个人的生存、学习、成才离不开环境条件；个人才能的发挥也同样离不开良好的环境。人的成长需要美好健康的环境。要使自己成长得更好，就要严格管束自己，主动拒绝污秽和罪恶，不能误入歧途，学会处处保护自己而不被玷污。

《三字经》里有“孟母三迁”的典故，说的是孟子的母亲为了教育儿子成才，选择良好的环境，为孟子创造学习条件的故事。

孟子很小的时候，父亲就去世了，母亲仉氏守节。母子俩居住在离墓地很近的地方，孟子经常看到一些举行丧事的人们，有挖坑掘土的，有披麻戴孝哀号的，也有吹喇叭奏哀乐的。日久天长，孟子也学着他们的样子，假装孝子贤孙，哭哭啼啼，一会儿扮着吹鼓手的样子。他和伙伴玩闹时，也模仿出殡、送葬时的情景。孟母看到这些，就着急了："此非所以居子也。"很快就带着孟子离开了这个地方，将家搬到集市上，跟屠宰的商户做了邻居。没过多久，"孟子学为买卖屠杀之事"。孟母又想："这个地方还是不适合孩子居住。"又将家搬到官家办的学宫附近。夏历每月初一这一天，官员进入文庙，行礼跪拜，揖让进退，孟子见了，一一记住。孟母想："此真可以

居子也。”孟母非常满意，就定居下来了。不久，孟子就在这所学宫学习礼、乐、射、御、书、数等六艺。

创造良好的客观环境，是一个人成才的必不可少的条件。孟母深知环境对孩子成长的重要性。在母亲的帮助下，孟子既没有选择墨家、道家的学说，也没有学习兵家、纵横家，他选择了儒家学说，最终成为后人尊奉的圣人。

在人的成长过程中，虽然环境很重要，但不是起决定作用的因素。即使环境不好，只要人们严格要求自己，自觉抵御不良的诱惑和干扰，也能够洁身自保。

宋代周敦颐在他的《爱莲说》里热情赞颂了莲花洁净纯正的品格：“……予独爱莲之出淤泥而不染，濯清涟而不妖，中通外直，不蔓不枝，香远益清，亭亭净植，可远观而不可亵玩焉……莲，花之君子者也！”像莲花一样，要洁身就要拒绝污染，远离可能会污染或毒害我们的东西。我们需要不断汲取真、善、美的精神来充实自己，还要涤除身上的尘垢，保证我们身心的洁净。

我们不仅要在精神上注意保护自己，更应该心性明智地抵御各种诱惑。

有一家公司准备用高薪聘用一位小车司机，经过层层筛选和考试之后，只剩下三名技术最优良的竞争者。主考者问他们：“假如悬崖边有块黄金，你们开着车去取，觉得能距离悬崖多近而又不至于掉落呢？”第一位说：“两公尺”。第二位很有把握地说:“半公尺”。第三位说:“我会用尺量，远离悬崖，愈远愈好”。后来,这家公司录取了第三位。因为他知道,不能保证生命安全,拿到黄金也是枉然。最关键的是他能够战胜诱惑,从而使自己能保持清醒的头脑。

有些地方的标牌上虽然明确写着——“未成年人禁止入内”的警示,但面对各种诱惑,仍然有一些孩子误入歧途,甚至走向犯罪,酿成终生的苦果,让人扼腕痛心。

在现实生活和学习过程中,无论立身于何种复杂的环境,本着对自己生命负责的原则,我们应从清洁品行开始,努力呵护我们完美的人格,这样,我们的生命品质才能更加高尚。

哲人的引领——纠正错误

在每一个家庭里，在父母的眼睛里，不一定把自家的孩子看得多么完美，但他们的孩子都很可爱。

所以，这些爸爸妈妈爱着自己的孩子，就连他们的缺点和错误一起爱着。因为他们明白，人没有缺点，不犯错误是不可能的。不能强迫自己的孩子完美无瑕，否则的话，孩子们将永远不知道该怎样面对形形色色的缺点和错误。

在我们的人生词典里面，都会有“缺点”和“错误”这两个问题，也许有些人会以为只是两个名词的区别，实际上是一回事。其实它们是有明显差别的。

猪八戒，贪吃懒做，这是他的生活习性，与孙悟空相比，是他的缺点。当遇到白骨精的时候，猪八戒眼睛里看到的是一筐好吃的东西。八戒贪吃的缺点，使他犯了耽误悟空除妖的错误。

缺点和错误往往是一对孪生兄弟，因为我们自身缺点的存在，在特定的情况下会诱发为错误的行为。但这并不可怕，人们不会因为一个人身上的缺点而对其妄加指责。所以，在这个世界上，真正完美的人是不存在的。

有些人认为自己的缺点是见不得阳光的，不敢勇敢面对，只是极力去掩盖。有了缺点而百般掩饰是非常可怕的。

我们可以用猫的寓言说说这个道理。

有一只猫，做事不认真，总是找借口敷衍了事。老鼠逃掉了，它说：“我看它太瘦，等以后养肥了再说。”到河边捉鱼，被鲤鱼的尾巴

打了一下，它说："我不是想捉它——捉它还不容易？我就是要利用它的尾巴来洗洗脸。"

后来，这只猫掉进河里，同伴们打算救它，它却说："你认为我遇到危险了吗？不，我在游泳……"

话还没说完，它就沉没了——"走吧！"同伴们说，"它在表演潜水了。"——可悲的猫啊，惨死在对自己过失和缺点的掩饰上。

这样看来，一些缺点的存在，不仅可能引来别人对我们不好的看法，更可能成为我们健康成长的阻碍。

一个人如果能了解自己的缺点，或者预见可能会在特定情况下诱发错误行为，并及时进行控制，就可以不断完善自己了。

一位哲人带着三个弟子云游四方。一天，哲人在旷野中的一片草地上坐了下来，给弟子上了一堂课。

他指着旷野问弟子们："旷野里长着什么？"

弟子们答道:“长满了杂草。”

哲人说:“是啊,怎么才能除掉这些杂草?”

弟子们感觉这个问题太简单了。他们分别拿出自己的办法——“用手拔掉即可”、“用锄锄掉会省力些”、“用火烧最为彻底”。

哲人听完站了起来,和三个弟子约定,要他们按各自的方法除杂草,一年后再看分晓。

过了一年,三个弟子按时来了——原来的地方已不再是杂草丛生,却长着一些不知名的植物在风中摇摆。而哲人没有来,但在地上留下一张纸条:“要想除掉旷野里的杂草,有效的方法,就是在上面种庄稼!”

弟子们顿时大悟!其实,清除我们自身的缺点和错误,最好的方法也应该是这样!

现在就开始吧!擦亮我们的心灵之镜,检视自己身上的缺点和错误,用快乐和感激的心情,凭着我们的勇气,按照哲人的引领——在我们的胸怀里播种正直、善良和真理——占领缺点和错误的阵地。

“重为轻根，静为躁君”——约束自我

老子在他的《道德经·二十六章》中说：“重为轻根，静为躁君。是以君子终日行不离其辎重……”他告诫人们：持重是克制轻薄草率的根本，笃实守静是约束躁动不安之心的方法。所以，君子始终不放弃的原则，是用持重和笃实守静约束自己的行为。

这是老子学说中的修身之道。强调的就是，一个品行高尚的人应该持重而戒除轻薄草率，本着对自己负责，尊重他人的原则，约束自我，限制自我的缺点，克制自我的轻率，不断提高自我的优秀品质，让自己成为更优秀的人。

前些年，由于网吧、游戏厅文化市场刚刚形成，管理不够规范，一些青少年对自己管束不严格，也不听老师和家长的劝告，整日沉迷在网吧和游戏厅，放任自流。钱用光了，就向同学借，或者欺骗家长要钱。更有甚者，结伙勒索弱小的同学，最终走上更严重的犯罪道路，给学校、社会和家庭造成极大的危害。

从人格意义上讲，这些少年已经偏离了健康的人生轨道，严重扭曲了自己的人格。

这些教训警示大家，无论在什么情况下，我们都应该保持头脑清醒，控制自我轻率的行为。这是一种自我控制的能力，是一种品格，也是把握自己生命轨迹的能力。它是一个人内在的力量，也能衡量一个人是否强大。拥有这种能力，就能够帮助我们恰当地支配自己的行为，避免伤害别人和损伤自我。

西汉文学家扬雄在《法言·君子》一文中说，“人必其自爱也，而后人爱诸；人必自敬也，而后人敬诸。”意思是说，一个人一定要自爱，然后才能被人爱；一个人一定要自尊，然后才能被人尊敬。其含义，还是要人们秉持自我控制。

如果在我们的心灵深处，沉稳、愉快等健康的情绪战胜了放任、轻率等负面情绪，我们就真正战胜了自己，就能成为一个懂得如何自我控制的人。

不要任性放纵自己，更不能以为别人不知道而随意伤害任何人；做任何事情都不能任性轻率；

时刻不要忘记，只要一不留神，你的“敌人”随时就会出现在你的眼前。一个人要想成功，必须管束自己，修正自身的缺点。只有时刻不忘记对自己的人生和前途负责，才能有机会把握今天，创造未来。

感受世间最温暖的港湾
——感恩母爱

我们的生命是从哪里来的？是我们的母亲赐予的。人类的生生不息，都源自于母亲伟大的力量。母亲赐予每个人生命的时候，也赐予了更加伟大的爱。那是母亲的爱，那是一种古老而又永恒的爱。

母亲用爱的襁褓，把每个生命都包裹得严严实实，决不允许自己的孩子受到任何伤害。母亲用爱的血液，把每个生命变得坚强有力，激励着自己的孩子勇往直前。

可以说，世界上最伟大的人是母亲，最伟大的爱，是母爱。没有母亲，没有母爱，就没有一个个朝气蓬勃的生命……

母爱的伟大不仅在于母亲生育儿女，而且在于她培养了儿女。母亲是向孩子传递爱的第一个人，母亲是最无私传播爱的老师。我们感受到的爱，我们懂得的爱，就是在我们人生之初，从母亲身上学来的。

新华网曾登载过树儿的一篇文章《娘，我的疯子娘》：……在我6岁那年，离家5年的娘居然回来了……娘终于盯住我，咧着嘴叫我："小树……球……球！"她站起来，不停地扬着手中的气球，讨好地往我怀里塞。

当我犯了错误，奶奶生气地要打我时，只见娘像弹簧一样从地上跳起，横在我和奶奶中间，娘指着自己的头，"打我、打我"地叫着。奶奶举在半空中的手颓然垂下，嘴里喃喃地说道："这个疯婆娘，心里也知道疼爱自己的孩子啊！"

后来，我上了中学。由于是住读，学习又抓得紧，我很少回家。每次总是隔壁的婶婶帮忙为我炒好咸菜，然后交给娘送来。20公里的羊肠山路，多亏娘牢牢地记了下来。凡是为儿子做的事，娘一点儿也不疯……

2003年4月的一个星期天，娘来了，不但为我送来了菜，还带来了十几个野鲜桃。我笑着问她："挺甜的，哪来的？"娘说："我……我摘的……"

第二天，我们发现一棵桃树有枝丫折断的痕迹，树下是百丈深渊，娘静静地躺在谷底，周边是一些散落的桃子，她手里还紧紧攥着一个……我悲痛得五脏俱裂，紧紧地抱住娘，说："娘啊，我的苦命娘啊，儿悔不该说这桃子甜啊，是儿子要了你的命……"我将头贴在娘冰凉的脸上，哭得漫山遍野的石头都陪着落泪……

树儿的娘，虽是疯娘，却也拥有着世界上最纯净的、无私的、炽烈的、不怕牺牲的母爱，这种母亲的爱是每个人都曾经拥有的，我们相信，我们会把这种爱永远地铭刻在心中。

来自母亲温暖情怀中的爱，你们感受到了吗？只有感受到了，我们才会更加珍惜，才能成为我们成长的强大动力。

大多成功者都得益于自己的母亲，特别是那些襟怀宽广母亲的悉心呵护。没有孟母的精心教养，就没有孟子的辉煌学业；没有岳母的爱国情怀，就没有岳飞的精忠报国……

孩子健康人格的形成和早期的智力发展与母爱是分不开的，特别是在婴幼儿时期，母爱能帮助后代健康成长。孩子生长过程中需要温暖的母爱，对母亲存在着很强的依恋性。人在儿童时期的每个年龄阶段，时刻都会得到母爱的呵护。在母亲身边，孩子总是无忧无虑。遇到危险时，会紧紧地抱住母亲，这些都表明母亲是孩子的安全守卫者。

所以，许多伟大的人物总是把自己的成功追溯到母亲早期的养育和影响。美国第十六任总统林肯很自豪地赞美自己的母亲：

“我之所有，我之所能，都归于我天使般的母亲。”

母爱的伟大还表现在，当自己的孩子处境危险的时候，她会奋不顾身，甚至不惜牺牲自己宝贵的生命，努力保证孩子安然无恙，并且能创造出非凡的奇迹。

千万别忘记了，失去了什么都不可怕，只要母爱还在，你就拥有一股神奇的力量。

在奥地利，2002 年 2 月下旬的一天，一位母亲带着女儿去阿尔卑斯山滑雪。在雪地里，她们迷路了。她们一边滑雪一边大声呼救，不料，呼喊声引起了雪崩，大雪把母女俩埋了起来。出于求生的本能，母女俩不停地刨雪，她们努力爬出了厚厚的雪堆……

当女儿醒来时，发现自己正躺在医院的床上，而母亲却不幸去世了。医生告诉那个女儿，真正救她的是母亲。原来，当时母亲用岩石片割断了自己的动脉，然后在血迹中抓出了十几米的距离。也正是雪地上那道鲜红的血迹引起了救援人员的注意……

母亲为了自己的孩子可以不顾及自己的生命，随时付出，不求代价。在我们的心头，应该永远牢记母爱的恩情。

“母亲”、“妈妈”、“娘”、“娘亲”都是我们对孕育、生养、爱抚自己的那个伟大的人的称呼。

母亲温暖的胸膛是我们成长的摇篮，是我们懂得人生的课堂，是我们获得庇护和宽容的港湾，是让我们强大起来的坚实后盾。

如果这种能量可以储存，你们准备把她珍藏在什么地方呢？

在人类的各种爱中，母爱是鲜红的，她永远是一条蜿蜒流淌的生命之泉……

玫瑰花的馨香——朋友

“找呀找呀找朋友，找到一个好朋友，敬个礼呀握握手，你是我的好朋友……”我们在幼儿园里最早学会的就是这首童谣了。这是从五十多年前就开始流行的童谣《找朋友》。

说来也怪了，传唱了几十年的《找朋友》，据说大家竟然找不到词曲的作者。一家广告公司登广告寻找，也是枉然。

现在看来，词曲的作者是谁，并不显得多么重要了。重要的是，任何人都需要找朋友。当每个人开始融入人群的时候，就开始了人与人的联系。从此，人与人的距离就越来越近了，一直近到可以“敬个礼”和“握握手”的程度。于是两个原来不相关联的人就发生了联系，“朋友”这个称呼就脱口而出了。

那么，人与人怎么才能成为真正的朋友呢？怎样才能找到“好朋友”呢？下面咱们从人的需求出发，继续探讨朋友的真正含义。

人的需求是分层次的，人不仅有物质方面的需求，更要有精神方面的需求。人们可以长期忍受物质上的匮乏，但却无法长期忍受精神和情感上的匮乏。我们每个人都渴望得到关心和爱护、理解和友谊，都需要得到信任、尊重和承认，这些都需要从别人那里才能得到。

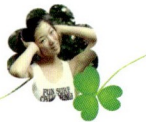

在我们的生命里，有春风得意的时候，鲜花、掌声会扑面而来，也有陷入困境和遭受挫折的时候，这时就需要朋友的鼓励和帮助。不然的话，我们就很难跨过每一个艰难的坎。

从前有两个商贩，一个卖包子，一个卖被褥。在一座破庙中躲避风雪时，他们巧遇在一起了。那时，大雪纷飞，天寒地冻。

卖包子的冻得瑟瑟发抖，卖被褥的饿得饥肠辘辘。但他们都依仗自己的优势，感觉对方一定会有求于自己，所以谁也不开口说出

自己的需要。

外面的风雪依然很紧，也许吃个包子会暖和一些，于是卖包子的径自吃了一个包子。或许保住体温能减轻饥饿，于是卖被褥的给自己盖上一条被子。

又过了一会儿，卖包子的又吃一个自家的包子，卖被褥的再盖上一条自家的被子。

就这样，卖包子的一个一个地吃着自家的包子，卖被褥的一条一条地盖上自家的被子，谁也不主动向对方求助或主动帮助对方。最后，路过的人发现，卖包子的商贩冻死了，卖被褥的商贩饿死了。

当他们各自都有生存的需要时，想到的仅仅是暖和自己的身体或者填饱自己的肚子。恰恰没有想到，最需要的应该是朋友温暖的援助之手。看看这样的人，不要说有肝胆相照的知己朋友，就连一般的朋友也没有。那种人与人之间的隔膜，应该比严冬更加冷酷，而且会随时冻结本该充满温情的生命。

在咱们日常生活中，可能经常听到一些人说，这个是他的"朋友"，那个是他的"朋友"，甚至连"朋友"的"朋友"也是自己的"朋友"。这话说得有点绕圈子吧？其实，如果对朋友的含义认识不清，那才真正绕圈子呢。

有些人之所以在你身边转悠，可能是你正得意的时候，也是他有求于你的时候。当你遇到困难或者需要帮助的时候，就离你而去，见不到他的踪影了。这个"朋友"只是一种泛泛的称呼，有时候根本就不了解对方，甚至都弄不清楚对方的意图，怎么能轻易地称作"朋友"呢？

真正的朋友，就是那种在你快乐的时候，可以与你共同享受快乐；在你痛苦的时候，可以分担你的痛苦；在你遇到困难的时候，立

即出现在你面前的人。不论你遇到什么事情,你时刻都在另一双眼睛的视野里,时刻都在另一颗心灵的关怀中。

朋友是无私的,也是能带来安慰、快乐和幸福的人。那么,咱们又应该怎样结交朋友呢?

在人与人的交往过程中,经常是互相影响的。要么是好影响,要么是坏影响。正所谓"近朱者赤,近墨者黑",所以交朋友需要慎重。对这个问题,两千多年前的孔子就教育他的学生,"益者三友,损者三友。友直,友谅,友多闻,益矣。"他的交友思想,对今天的我们依然有指导意义。

正直的人,诚实的人,见多识广的人都是我们交友的最佳人选。因为正直的人,敢说真话,能直接指出我们的缺点或错误,随时能帮助我们矫正人生方向;诚实的人,讲究诚信,值得信赖,而且胸怀宽厚,随时会帮助我们摆脱困境;见多识广的人,可以帮助我们开阔眼界,随时能够得到开导我们,启发我们的智慧,帮助我们想办法解决遇到的难题。所以,我们应该有这样的朋友。

一些人没有朋友,就是因为对别人缺乏真诚。当别人取得了成就的时候,他不是发自内心的祝贺,而是心生妒忌;当别人遇到困难的时候,他不是主动伸出援手,而是隔岸观火;当别人倾吐心声的时候,他不是敞开心扉,而是遮遮掩掩……假如是这样,他永远都不会有真正的朋友。

咱们不做那种装腔作势、逢迎拍马、油嘴滑舌的人,也不跟这样的人交朋友。时刻要求自己要行止有度,积极向上,为人乐观,品行纯洁,生活严肃。

"赠人玫瑰,手有余香"。与别人交朋友,我们自己就应该成为别人的朋友。交好朋友,成为别人的好朋友,都是人生的一种幸福。

温馨和煦的春风
——善待他人

在我国的古代，已经有人在探讨“同情心”的问题了。譬如孟子，早在两千三百多年前，他从当时的生活体验中就有感悟——“人皆有不忍人之心……所以谓人皆有不忍人之心者，今人乍见孺子将入于井，皆有怵惕恻隐之心，非所以内交于孺子之父母也，非所以要誉于乡党朋友也，非恶其声而然也。由是观之，无恻隐之心，非人也……恻隐之心，仁之端也。”

孟子的意思是说：人们都有同情心，之所以说人都有同情心，是因为在日常的生活中，我们会发现，假如现在有人忽然看到一个孩子快要掉到井里去了，都会表现出惊恐同情的心情，这并不是想用这种方式同孩子的父母套近乎，不是要在乡邻朋友中博取名声，也不是讨厌那孩子惊恐的哭叫声才这么做的。这是人们善良本性的体现。由此看来，如果一个人没有同情心，就不是人格健全的人。同情心是做人友善，仁爱他人的开端。孟子所说的“不忍人之心”和“恻隐”说的正是这个同情心。

说到这里，我们可以发现——同情心恰恰是人类善良的天性。

同情心是人类情感的重要组成部分，是人类善良行为不竭的甘泉，也是人际平等交往的温馨和煦的春风。

让我们再看一看，英国玄学诗人约翰·多恩是怎样用诗的语言表达对同情心理解的："设身处地，他人的痛苦就是自己的痛苦；推己及人，感人之所感就是关怀。"这个对人生思考的诗句，道出了同情心与人际关怀的核心——渴望同情是人的天性，乐于同情，能把人类本能的善良，升华为一种至善的美德。

同情是一种情感交流，一个人付出了同情心，灵魂就得到一次升华。如果失去同情心，心灵将是一片自私和冷漠。

德国是两次世界大战的发起国，在经历了惨绝人寰的战争磨难之后，德国人痛定思痛，非常重视对下一代人进行以同情心为核心的"善良教育"。他们从爱护动物、同情弱者、宽容待人、摒弃暴力等方面入手，引导孩子树立与人和平共处的心态。

培养同情心以及学会准确表达同情心，克服残忍行为，是我们这个社会不可缺少的环节，是发展人们良好的道德信念、善良情感和美好期望的起点，也是提高人们社会意识、营造平等的人际关系，养成从善如流、助人为乐、伸张正义等良好道德行为习惯的重要条件。通过对人们同情心的培养，可以更好地培养人的善良品质，有助于人的健康成长，有助于人们形成以善为本的人生观。

只有人与人之间相互同情，相互关心，才能让人间充盈着温馨和关爱，这世界才会更加美好。

勤劳创造之道
——财富观念

财富能改变人们的生活方式，甚至会改变整个人的命运。但财富不是我们一生追求的目标，它仅仅是让我们生命更加精彩的方式之一。

在经济社会里，有些人以不择手段的方式而变得富有了，但他们却丢失了做人的根本。同时，因为贪婪、自私，也失去了很多比财富更重要的东西——亲情、友情、信赖、幸福、平安……甚至锒铛入狱，沦为阶下囚。

有一家米店，经过一年的经营，挣了很多的钱。年三十晚上，老掌柜让一家人猜猜米店靠什么发财的？大家七嘴八舌……老掌柜诡秘地一笑，说："你们都猜错了。发财是靠咱们的秤！我把这秤改成一斤减掉半两，卖一斤米，就少半两，日积月累，咱就发财了。"大家听完以后，都佩服老掌柜确实精明。

这时，儿媳妇对老掌柜说："我想告诉爹，希望您老人家原谅我。"原来，她用一斤增加半两的秤，替换了缺斤少两的秤。儿媳妇接着说："爹说得对，咱是靠秤发的财。咱的秤每斤多半两，顾客就

知道咱们做生意实在，顾客多了获利就大了。咱家是靠诚实信誉发的财呀！”大家更是一阵惊讶。

著名企业家李嘉诚是香港的首富，他对儿子的教育十分严格。他认为，孩子学习期间用钱要靠他们自己去挣，只有依靠自己的双手去创造，才能品尝到成功的喜悦。

六岁的李泽楷与父亲一同乘飞机，李嘉诚牵着他走进头等舱，随后又将他送到经济舱，并告诉他：“孩子，当你再回到这里时，你看到的一切都应是你通过艰苦工作赚来的。”后来，李泽楷在美国学习时，零花钱是靠在麦当劳当收银员，在高尔夫球场做球童挣来的。

正是这种点点滴滴的教育，李嘉诚为两个儿子打下了坚实的思想基础，如今他们都已成为香港著名的企业家。

上面的故事可以让我们明白——财富不是自己从天上掉下来的，属于我们的一切财富，应该来自辛勤、诚实的劳动——这才是正确获得财富的方式。

君子爱财，不但取之有道，还要理之有道。金钱只是一种工具，可以为人们服务。如果人们把自己埋葬在金钱里，即使我们有再多的钱财，不懂得如何使用，只会换回一大堆拖累，也会腐蚀人们的灵魂。

既有头脑又有钱的人是幸运的，因为他能很好地支配金钱。也许我们只有一点点钱，但我们只要用好它，就可以帮助我们办很多美好的事情，能够满足我们最基本的需要。同时，当我们在金钱上并不强求而又懂得知足的时候，金钱才会给我们带来踏踏实实的快乐。

你们身边有些同学，手脚大方，花钱如流水，消费已经明显超出了基本需求的范围，是因为他们往往错误地把父母的爱当做“本来应该”，而不懂得珍惜。

比尔·盖茨对现代信息技术有很大的贡献，他是世界首富。在他手里，掌握了几乎是天文数字的财富。但他认为——每一分钱都来之不易，那是他们的血汗钱，所以不应该乱花，钱应花在刀刃上。

我们也应该学习他一直遵守的信条——我只是财富的看管人，我需要找到合适的方式来使用它。一个人只有用好他的每一分钱，才能成为一名事业有成、生活幸福的人。

人品美德里的一种核心精神——见义勇为

在校园里，你们大概能够感受到，现代教育观念在发生着明显的改变。你们的课本，也在围绕着提高学生素养，而呈现出崭新的面貌。所以评价学生的标准也在发生变化。

2005年8月，上海复旦附中高二的男生赵龙，勇敢地顶着四米高的巨浪，救起了一名溺水的小男孩。为此，他赢得了前往美国高中交流学习一年的机会。

美国合作方认为，虽然赵龙的考试成绩一般，但他的综合素质很好，尤其是他的勇敢精神，这是一个优秀公民的基本素质，是人生成功的一个必要条件。赵龙同学可能就是新评价标准下的第一批受益者之一。

翻开《汉语大词典》，见义勇为的词条——看到合乎正义的事便勇敢地去做。就是在正义和道义面前所表现出来的不计个人得失的勇气和崇高的行为。

勇敢，是人的一种内在的气质，是人格的一种力量，是人的一种美德。是为了正义、善良而不惧强暴、不畏权势、不怕艰险、不顾

利害、不计生死而一往无前的道德品质。也是我们在追求正义、追求真理的征途中不可缺少的精神。

从古到今,见义勇为一直是人们所追求的道德标准。义、勇二字,充分体现了人品美德重要的核心精神。

见义勇为,人人称赞。历朝历代颂扬见义勇为的传奇故事很多。汉代史学家司马迁曾写过一篇《游侠列传》,对那些济困扶危、见义勇为的游侠极为赞美。宋代文学家苏轼在《祭堂兄子正文》中,阐明了他对勇敢精神的认识:怀着善良、正义、仁爱之心的勇敢精神,即便用如雷霆那样巨大的力量,也无法动摇它。明代的施耐庵写的《水浒传》,塑造了一百零八位杀富济贫、见义勇为、替天行道的英雄故事,更是脍炙人口。

有这样一则寓言故事。一天,主宰雷电的天神,从天空中劈下一道闪电。森林立刻燃起了熊熊大火。惊慌的动物拼命向森林外奔跑,希望逃脱劫难。

但有一只小松鼠,奋不顾身地冲向大火。小松鼠在一个快被烤干的水塘里,反复将自己瘦小的身体全部浸湿,然后再冲进火场,拼命抖洒身上的水,希望能缓解火势。

这时,天神变成一个老人,出现在小松鼠身后,说道:"孩子,你这样做是没有用的。”小松鼠对老人说：“也许用尽我的力量都不能灭掉这场大火，但只要我努力，至少可以救出几个同伴啊！”老人一声哈哈大笑，小松鼠身边顿时变得清凉湿润起来，大火在一瞬间消失了，森林恢复了原来的样子。天神在小松鼠被烧焦的尾巴上，轻轻抚摸了一下，顿时焦痕变成了三道奇幻瑰丽的花纹。这就是三纹松鼠的传奇故事。

见义勇为是靠勇敢的行为体现出来的。一个弱小的生命，竭尽了全力，虽然力量微小，却表现出足以感动天神的勇敢精神。

有智者不一定有勇，有勇者不一定有智。人们往往习惯把智慧与勇敢联系在一起，常常用大智大勇来形容那些解人危难、驱逐邪恶、主持正义的有识之士。我们今天提倡“见义勇为”，更主张“智为”。

罗贯中的《三国演义》里，诸葛亮在手中无兵的危急情况下，城门洞开，布下“空城计”。他泰然自若，利用司马懿多疑诡诈的心理，令司马懿望而却步。这个故事不仅体现了诸葛亮的足智多谋，也体现了他的大勇。正义、善良离不开智慧和勇敢。智与勇不会在平庸中诞生，只有在困难的环境中才能铸成。

人们并不一定经常遇到需要见义勇为的事情，也不一定有许多轰轰烈烈的大事等着我们去做。但我们应该进一步把“见义勇为”理解为——既是一种高尚的行为，又是一种坚持正义和英勇无畏的精神追求，同时我们的智慧也会在“义”和“勇”之间爆发出巨大的精神力量。所以，更重要的是，我们要有坚定的“见义勇为”意识。

当然，在和平年代，智勇双全、见义勇为也一样会造就出令全社会仰慕的时代英雄。因为他们是社会正义的实践者，他们给社会带来的是平安的护佑。

“后其身而身先”——无私的境界

在中国古代，有这样一个不为宝贝美玉所动心的故事。《左传·襄公十五年》记载，春秋战国时期，一个宋国人弄到一块美玉，就专程去献给当时权重一时的子罕。子罕却对那个宋国人说：你把“美玉”当成宝贝，而我把“没有贪欲”当成宝贝啊。我不能因为要了你的宝贝，而丢了本该属于我自己的那个“没有贪欲”的宝贝。

谁不知道“美玉”是宝贝呢，子罕却把他的“没有贪欲”作为宝贝来珍视。而这个宝贝，恰恰就是我们所应具备的无私的品质。

春秋时期伟大的思想家、哲学家老子在他的《道德经》中这样论述：“天地所以能长且久者，以其不自生也，故能长生。是以圣人后其身而身先，外其身而身存。不以其无私邪！故能成其私。”

他在告诉我们：宇宙和大地能够享有绵长的生命，是因为它有着宽阔、旷达和包容万物的胸怀，不是为了自己的生存而存在，而是为了让万物能够按照各自的秉性存续。所以他的生命能够绵长。

很多智慧贤达的人，从天地的胸怀中得到感悟。凡事都把自己的利益放在他人之后，才因为自己的高尚而被别人仰慕；大家遇到

危险和困难的时候，总是挺身而出，才使自己生命更加旺盛，更加有意义。就是因为有无私的精神，才铸造了他们的完善的人格和生命品质！

与无私对立的是贪婪，它的表现就是不知满足地占有和攫取。

在很久很久以前，有一个农夫在河边打柴，不小心把斧子掉进了河里。正好有一个神仙从此路过，就下河帮农夫捞斧子。他先是捞了一把金斧子，农夫说那不是他的。接着，神仙又下河捞了一把银斧子，农夫还说不是。神仙第三次下河，捞了一把很普通的斧子，农夫说这才是我的斧子。

因为这个农夫诚实和没有贪欲，神仙就将三把斧子一起送给了他。

有一个人听说了这件事，将自己的斧子故意扔到河里，神仙问他为什么待在河边，这个人重复了那个农夫的回答。神仙听后就下河了，还是先捞上来一把金斧子，这个人心花怒放地指着金斧子，说那就是他的斧子。

神仙大怒："你这个贪婪的蠢货，竟敢撒谎，你将受到严厉的惩罚。"说完神仙用金斧子把他的头砍了下来。

贪婪是一把邪恶之火，它能让玩火者自焚。当今的社会处处充满着诱惑。在一些人的心里总是充斥着欲望和奢求，似乎一切都被贪婪欲望支配着。人们为了幸福而追求利益，是符合情理的。但有些人什么都想要，甚至不择手段，侵占社会和他人的财产，只能落下悲惨的结局。咱们不能做那样的人。

接下来，我们再请俄国作家托尔斯泰讲一个故事。

从前，有一个人想得到一块土地。地主就对他说，清早，你从这里往外跑，跑一段就插个旗杆，只要你在太阳落山前赶回来，插上旗杆的地都归你。

那人就拼命地跑，太阳偏西了还不知足。太阳落山前，他是跑回来了，但人已精疲力竭，摔个跟头就再没起来。

于是，有人挖了一个浅土坑，就地埋葬这个可怜的人。牧师在这个人的坟墓前祈祷说：“一个人能得到多少土地呢？充其量就这么大一点。”

如果当时伊索站在旁边，一定会再补充一句话：“许多人想得到更多的东西，却把现在所拥有的也失去了。”

贪婪会蒙蔽人们明亮的双眼，使光明变得黑暗；贪婪会吞噬人们健康的灵魂，使善良变得邪恶……

在大家今后的人生道路上，会遇到很多五彩斑斓的私欲诱惑，这就需要我们不断升华精神境界，去挣脱贪婪的羁绊。挣脱的方法，就是用无私的情操净化我们的心灵——朝着太阳——欢唱着跳跃着勇敢前行。

被啄伤的雁奴
——误解

有一天，我的电脑死机了。妻子说，中午儿子下载过一些东西。根据我的判断，死机可能是他的操作造成的。我很生气，因为要赶稿子，文件忘了备份。

电话里我责怪了儿子，他却连续发来短信“不是我、不是我、不是我”。

后来，请来电脑公司的人帮忙修复时，他们告诉我可能是误删了启动文件。妻子后来也承认帮我杀过毒，中间点过一个对话框，电脑就不工作了。这样看，是我误解了儿子。

我反思一下自己对儿子的误解，当时一口断定，是他造成的电脑死机，主要原因是我没做调查，没有耐心，急着赶稿子，又怕丢失我的原稿，心理压力大，在没考虑体谅他的情况之下发生的。

由于人们认知能力、理性思考判断的能力、对事态的洞察能力和每个人对揭示事态真相的积极程度等因素的限制，多数人会人云亦云地信从一部分人的判断，而共同指向一个假象的目标——错误判断的对象。

被人误解的事情早有发生。两千多年前，在曾子（曾参，孔子的学生）的家乡，有一个与曾参同名同姓的人，在外乡杀了人，很快“曾参杀了人”的风闻传遍了曾子的家乡。

于是，有人三番五次地向曾子的母亲提起这事。当初曾子的母亲根本不相信，后来，既然那么多人都说她的儿子杀了人，恐怕是真的！

她想，虽然她儿子是圣人孔子的好学生，但是世事难料，曾子一时冲动杀了人也是有可能的！她害怕这种人命关天的事情要株连亲属，急忙翻墙逃走了。

看来，即使是一些不真实的说法，如果说的人多了，也会动摇一个慈母对儿子的信任。

其实，很多误解，也是这样造成的。

在一个雁群中，总有一只是负责放哨的雁奴。它一旦发现异常情况就会向雁群报警。

有一只小狐狸，非常贪婪，它做梦都想捕到一只大雁，但很难得手。老狐狸狡猾地告诉它："你现在故意惊动雁奴，然后再潜伏不动。"小狐狸照做了。

雁奴发现小狐狸后立即向同伴发出警告，雁群闻讯后纷纷振翅起飞，但没发现什么危险，便又飞回原地。

老狐狸让小狐狸如法炮制了好几回。终于，几乎所有的大雁都以为雁奴谎报军情，纷纷把不满发泄在雁奴身上，可怜的雁奴被啄得伤痕累累。

"现在，你可以逼近雁群了。"老狐狸指使道。于是，小狐狸大摇大摆地溜进了芦苇地，雁奴虽努力提醒其他大雁，但没有反应，小狐狸最终如愿以偿了……

大雁们看到自己的同伴被小狐狸猎获，痛心不已，同时认识到

大家误解了雁奴，内心非常愧疚。一致认为，为了雁群的安全，必须相信雁奴。雁奴被啄伤的身体，瞬间奇迹般地完好如初了。从此，雁群再也没有让狐狸得逞。

误解，可能会对别人造成不必要的伤害，这种伤害远比肉体的伤害深切。只要我们面对现实，客观对待、理性分析，就会自然消除对别人的误解，也会坦然地面对别人的误解。

随时准备付出
——助人为乐

说一个我小时候的故事。上小学的时候，我和伙伴第一次到城外看火车。在回家的路上，我们看见一位老工人，正在吃力地拉着板车，车上装满了用麻袋包裹的货物，散发出一阵阵甜香。当时我们猜想，车上可能是好吃的东西。我们装作帮他推车，用手抠开麻袋，发现里面装的全是蜜枣。

接下来，可想而知。我们一边起劲地推车，一边品尝过年才能吃上的蜜枣。当然，工人师傅可不知道这些。他只知道，板车已不那么沉重了。

快到城里了，嘴里早就甜得腻人了，我们跟工人师傅也要分手了。临别前，那位工人师傅连声说些感谢的话，还说我们都是小雷锋。

偷吃了他的货物，还感谢我们，当时，我感觉他挺傻。现在想起这事儿，我就感觉羞耻。为了贪吃才推车，分明“不怀好意”，哪是帮助人家？现在，我已经养成主动帮人推车的习惯了。不过，肯定不是想偷吃人家的“蜜枣”。随着年岁的增长，我渐渐懂得了怎样尊重别人，帮助别人，感受帮助别人时的快乐。

有这样一个寓言故事。

在一场大雨中，一家人只带了一块雨衣。

爸爸把雨衣给了妈妈，妈妈给了哥哥，哥哥又给了年纪最小的小朋友。

小朋友不明白这是为什么。

爸爸回答道："因为爸爸比妈妈强大，妈妈比哥哥强大，哥哥又比你强大。我们都会帮助比较弱小的人。"

这时，小朋友看见身边有一丛小花，在风雨中飘摇着。他二话没说，就把雨衣搭在娇弱的小花上——他也要帮助弱小的生命……

也许我们可以这样理解——真正的强大不一定是孔武有力，而是精神世界的高尚，是胸怀中富有的爱心，是对别人有所帮助的愿望和能力。

如果别人得到我们的帮助，我们也会得到意想不到的东西。你帮助的人越多，得到的也越多——最终会让自己变得强大。

所以，老子在《道德经》里说："既以为人，己愈有；既以予人矣，己愈多。"意思是说，你帮助了别人，自己就会有更多的收获；你给予了别人，自己就会更加充实。

美国著名领导学权威史蒂芬·柯维先生，讲了一个真实的故事，也能说明这个道理。

在一个寒冷的夜晚，一家简陋的旅店早就客满了。一对老年夫妇发愁地站在门前，冻得瑟瑟发抖。

这时，小伙计热情地接待了他们，诚恳地让出了自己的床铺，自己却在门厅打地铺睡了。

第二天，老年夫妻非常感激，要按照客房价付费，小伙计坚决拒绝了。临别时，老年夫妻开玩笑似的说："你经营旅店的才能，足够担当大酒店经理了。"

"那敢情好！起码收入多些可以养活我的老母亲。"小伙计只是笑着随口说了一下。

两年后的一天，小伙计收到一封信，邀请他去纽约，拜访当年那对睡他床铺的

老夫妻。

在繁华的纽约，老年夫妻把小伙计带到第五大街与三十四街交汇处，指着一幢摩天大楼说："这是一座专门为你兴建的五星级酒店，现在我们正式邀请你担任总经理。"

这就是著名的奥斯多利亚大饭店经理乔治·波非特和他的恩人威廉先生一家的真实故事。

乔治·波非特因为帮助别人，得到的回报不仅仅是能够施展才华的工作环境和职位，得到更有价值的是威廉先生一家对他善良品质的褒扬，对他干练工作能力的赏识，对他为人诚实不计得失的信任。

帮助别人，没有场合和身份的分别，也没有高低贵贱的分别。帮助别人，是一种随时准备付出的自觉习惯，是让我们精神强大的推动力量。

伸出我们温暖的手吧！只要我们还有能力帮助别人！用真诚的力量帮助我们的朋友，让我们快乐的心跟着清晨的小鸟，朝着初升的太阳起飞。

“山不过来，我就过去”——随遇而安

人与某种特定境遇的关系，在一定程度上，是一种相互照应的从属关系。当人的愿望和情感暂时不能改变这个境遇时，就有了多样的选择：可以选择怨天尤人的态度，可以选择悲观失望的态度，也可以选择积极适应而又不妥协的态度。

“知其不可奈何而安之若命，德之至也。”这是庄子说过的一句话。他的意思是说，当你明白了你所面对的问题或者境遇，一时依靠自身的力量无法改变时，就按照事情本来的样子去适应吧，这是一个人德行修炼的高境界。也就是说，当我们暂时无法改变不如意的境遇时，就要勇敢面对，并且从容地去改善它，才能求得快乐和宁静。

在一次旅途中，一位乘客搭乘的汽车在途中抛锚了。那是酷热的夏天，赤日炎炎，闷热难耐。司机大汗淋漓地修车，乘客们焦躁地等待，看情形要几个小时才能修好。

无奈之中，一位乘客却发现原来没有在意的景色——公路两旁绿树葱茏，山峦蜿蜒，风光秀美；路边有浅浅的山涧，流水潺潺，清澈见底；鹅卵石在阳光照映下，流光溢彩，沁人心脾。于是，他挽

起裤脚，趟进水里，还不时地撩拨水中的小鱼儿，尽情地享受这山涧的清凉。等汽车修好了，他却流连忘返，不忍离去。

回到朋友中间，他仍回味无穷地说：“太美了，我经历了一次最难忘的快乐旅行！”

这位乘客在让人沮丧的境遇中却找到了幸福快乐。此时此刻，这种积极适从的随遇而安之妙，会情不自禁地溢于言表。

面对人力难以改变的境遇，与其怨天尤人，不如把身边的一切都看成一种赐予，把被动的忍受变成积极的享受，让自己变得更加充实和快乐。在这种充实和快乐中，往往能够找到解决问题的办法。

有一头年迈的驴子，不小心掉进一个深坑里，无论怎么努力都无法爬上去。它几乎绝望了。等它静下来的时候，发现身边全是垃

圾,而且还不时有人继续往里边倾倒。

渐渐地,它发现脚下的高度在发生着变化,而且垃圾中还有一些可以吃的东西,尽管是别人扔下的残羹,毕竟还能维系自己的生命。就在那一刻,它又重新燃起了生命的希望。终于有一天,所有的垃圾全部踩在自己的脚下,它又重新回到了地面。

这头年迈的驴子不正是为了生命的高度,改变了认识方法,变被动为主动,而使自己的生命充满着希望吗?

所以,随遇而安就是要求我们暂时顺应现实生活的不如意。这样是为了尝试用新的应对办法,去解决问题。

有一位大师,一直在深山潜心修行,经过几十年,练成了“移山大法”。

有人虔诚地向他请教:“大师用什么样的神功移动大山的?我怎样才能练成这样的功夫呢?”

大师笑道:“练此神功很容易,办法简单——山不过来,我就过去。”

古代有愚公移山的故事,那是传说;当今有开路凿渠移山的新纪录,那是集庞大人力和机械力而实现的记录;而靠一人法术移山的说法,则属无稽之谈。

世上本无什么移山法术,唯一能够移动的方法就是那位大师的传授——山不过来,我就过去。

现实生活中,有很多我们一时无法挪移的“大山”。那位大师经过修行,找到了改变之法——移动大山难之又难,移动自己却易如反掌。

咱们也修炼吧!当我们不能改变境遇的时候,最好的办法就是,把困扰我们的问题,解决在自我改变之中。只有改变自己,才可以最终改变属于我们自己的世界。

宽恕别人，善待自己
——宽容

有一句歌词这样唱：“生活是一团麻，那也是麻绳拧成的花；生活是一根线，也有解不开的小疙瘩；生活是一条路，怎能没有坑坑洼洼……”有时，为了别人不经意的一句话或者一件小事，一些人动辄就不满，甚至抱怨或指责。在与人交往的过程中，如果没有大度的胸襟，怎么才能友好相处呢？

唐代著名的慧宗禅师喜爱兰花，他在寺院里栽培了很多盆。因为经常云游，临行前，他都会吩咐弟子看护好那些兰花。

每一次慧宗禅师出去云游，弟子们都很悉心照料它们。一天深夜，那些兰花被突如其来的暴雨摧折得憔悴不堪。

几天后，慧宗禅师返回寺院。弟子们心里忐忑不安，担心受到师傅的责罚。知道这些以后，慧宗禅师欣然地宽慰弟子们：因为喜欢兰花，我才种它们，当初我并不是为了生气而种兰花的啊。

弟子们听后，肃然起敬之余，更是顿然开悟。是呀，人生追求快乐，不能被一些不尽如人意的事情拖累，把自己变得愁苦啊。所以，更不能因此去指责别人。

人们要弄清最终追求的是什么，不能忘却了更可贵的东西。历史上，还有一个人做得非常好。

相传春秋时期，楚王请很多大臣喝酒吃饭。酒至兴处，楚王命令许姬和麦姬向大臣们敬酒。

忽然，一阵大风吹灭了所有的蜡烛。黑暗中，一位大臣无意间触到了许姬的手。许姬很生气地扯了他的帽带，匆匆回到座位上，在楚王耳边悄声说："刚才有人乘机调戏我，我扯断了他的帽带，你赶快叫人点起蜡烛来，看谁没有帽带。"

楚王很了解他的下臣，不相信他的臣子会做出欺君之事，连忙命令手下先不要点燃蜡烛。大声向各位大臣说："我今天晚上一定要与各位一醉方休。来，大家都把帽子脱了痛饮几杯。"

众人都没有戴帽子，也就看不出是谁的帽带断了。

后来楚王攻打郑国，有一位勇士率领几百人，为三军开路，直捣郑国的首都。他就是当年被扯断帽带的那位大臣。他因楚王的深明大义和大度，而发誓毕生效忠楚王。

楚王的大度来自于他对事态的正确判断，来自于他的治国胸怀。他知道为了一件很小的事情，恰恰又是在黑暗中容易发生的事情，而刻意地计较，会伤害他的臣下。

当一个人真的失去了与他人的交往，往往会产生如隔荒岛的无助与孤立感。

笛福在《鲁滨孙漂流记》里，讲述了鲁滨孙海上遇难的故事，鲁滨孙一个人被遗弃在荒岛上，过着与世隔绝的生活。对鲁滨孙的内心感受有一段生动的描述："我心里忽然产生一种说不出来的嘤嘤求友的强烈要求。有的时候，我不禁脱口而出大声疾呼：'啊！哪怕有一两个——哪怕只有一个人从这条船逃出性命，跑到我这儿来

呢！也好让我有一个伴侣，有一个同类的人说说话儿，交谈交谈啊！’我多年来过着孤寂的生活，从来没有像今天这样深切地感到没有伴侣的痛苦。”鲁滨孙内心的这种孤寂感和痛苦感，这种对朋友的强烈呼唤，正是对人生需要人际交往的充分肯定。

清代金缨的《格言联璧》中有一句话，“以恕己之心恕人，则全交；以责人之心责己，则寡过。”其中就是告诉我们对人要宽，才能与人真诚交往；对己要严，才能减少自己的过失。还说明了宽恕别人其实就是善待自己。

我们有时候可能对别人过分苛求而伤害了别人，有时候得不到别人的宽恕而感到委屈。对已经发生过的伤害，只要去正确地对待，去认真地分清哪些是有意的伤害，哪些是不经意的伤害。用一颗平常心去对待它，包容它，我们的生活才会变得更加轻松、快乐。

沃尔特·米切尔的一项心理实验——抵御诱惑

我曾送给儿子和另外一个小朋友每人一个玩具“奥迪”四驱赛车。我提了一个小小的要求，每人两节电池，比一比谁的赛车玩得时间长。并约定第二天，看谁的赛车跑得快，胜利者有奖。后来，我发现他们都在相互引诱对方，让赛车跑起来，消耗对方的电池。

但他们都努力克制自己的玩心，努力保证自己的赛车在比赛前有足够的电量。我是想通过以上的实验让他们找到一些克制自我的感觉。

在我们的周围，有太多的诱惑，各种诱惑是经过花花绿绿乔装打扮的。如果我们不能积极抵制诱惑，诱惑就会成为我们的绊脚石，使人们坠入泥沼。

有一种小鸟叫朱顶雀，在它们身边发生了一个这样的故事。几只正在学着飞翔的小朱顶雀，暂时还需要小鸟爸爸帮助捕食。

一天，朱顶雀爸爸叼着小虫子飞回来的时候，发现自己的窝空了。孩子飞到哪里去了？朱顶雀爸爸四处寻找，它焦急地呼唤着自己的孩子们……

当它几乎绝望的时候，一只苍头燕飞过来了，对朱顶雀说："你有没有去附近的农夫家看过？"

朱顶雀爸爸飞到附近的农夫家。它发现场院里的地面上有一个用木棍支起的箩筐，箩筐下面还撒了些谷粒，窗户上挂着一个笼子。它的孩子们被关在笼子里！它明白是怎么一回事儿了。

小朱顶雀看见爸爸，发疯似的哀叫着，希望爸爸帮助它们获得自由。朱顶雀爸爸拼命地用自己的喙拉扯着笼子，但无济于事。

朱顶雀爸爸只能隔着笼子，无望地看着自己的孩子，伤心绝望地痛哭起来，口里不停地念叨：傻孩子呀，那是诱惑呀！

由于小朱顶雀缺乏分辨能力，在它们眼睛里看到的只是谷粒，但那些谷粒的背后隐藏了什么，它们根本无法明白。谷粒的诱惑，让小朱顶雀们失去了飞翔的自由。

诱惑产生于内心对外物贪婪的占有欲望，这种占有欲望，有时表现得急不可耐。在我们的生活中，很多人明知诱惑的背后可能潜藏着危险，却还是被贪婪的欲望占据了上风，结果，直到无法挽回的时候才知道后悔。

哈佛大学心理学教授戈尔曼记述了这样一个经典的心理实验——心理学家沃尔特·米切尔从 60 年代开始，对斯坦福大学附属幼儿园的孩子进行了一项研究。他对这些孩子从 4 岁起开始，一直跟踪研究到他们高中毕业。

开始实验的时候，研究人员告诉每个孩子，在实验人员离开的时候，如果坚持等到他办完事回来，你就可以得到两块果汁软糖吃；如你等不了那么久，你就只能吃一块，而且马上就可以得到。这对一个 4 岁的小孩来讲，确实是一个精神考验。

在实验中，一部分孩子为了抵制诱惑，他们或是闭上双眼，或是把头埋在胳膊里休息，或是喃喃自语，或是哼哼叽叽地唱歌，或是动手做游戏，有的则干脆睡觉。他们熬过了那个漫长的 20 分钟，一直等到实验员回来。最后，这些有耐性的小家伙得到两块果汁软糖的回报。但那些较冲动的小孩，几乎是在实验员走出去“办事”的那一瞬间，就立刻去抓取并享用那一块糖了。

大约过了 12 至 14 年，进入青春期后，在那些经不住诱惑的孩子中，有 1/3 左右的人缺乏上述品质，而且出现心理问题的人相对较多。

那些在 4 岁就能抵制诱惑的孩子长大后，往往具有较强的社会竞争意识、较高的效率、较强的自信心，能较好地应付生活中的挫折。他们独立自主，充满自信，值得信任，办事可靠。

孩子在童年表现出来的某种能力，长大以后，则会在社交和情感的方方面面都表现出来。在一定程度上，抵挡诱惑的能力，就是人们克制自我过分欲望的能力，也是一种人生修养。因为抵御了诱惑，才能保证在前进的途中不分岔，能够帮助我们守静、笃实，一直朝着一个目标心无旁骛地走下去。

咱们可以这样认为，凡是成就卓著的人，都能够恰当地限制自己的欲望，能够有效地抵挡住各种诱惑。

从来诱惑都是由无知开始，到悔恨结束的。所以我们必须懂得诱惑给人生带来的不良影响，要提高辨别力，更要增强自己的定力。抵御住了各种诱惑，才会拥有人生的幸福。

一种积极的能力——奉献

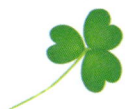

这是一个感动中国的故事。有一位老妈妈患上了尿毒症，经过医生进一步诊断，如果不换肾，这位老妈妈随时就会有生命危险。儿女们竭尽全力救治自己的母亲，想方设法找肾源，但一时很难找到配型合适的肾。

时间就是生命，老妈妈的大儿子毅然决定瞒着母亲，献出自己的肾脏，把生他养他的妈妈，从死亡线上拉回来……

用中国优秀传统道德的标准衡量，这位儿子的行为，不仅表达了中国人传统的孝道，表达了无私回报养育恩情的拳拳之心，更显示了他敢于付出的奉献精神。

其实，奉献本身没有固定的形式，不需要太多的条件。它可以用任何方式表达出来，需要的是敢于随时付出的高尚情操。

在人们最需要的时候，我们都把那些伸出温暖的手，敢于奉献的人叫做朋友。我们如果得到别人的付出，会产生感激之情。而让我们感激的，已经不仅仅是他付出的本身了，更重要的是那种积极自觉的奉献精神。奉献是以随时付出的方式，体现出来的高尚品德。

敢于付出的奉献品德是一个人能力的体现，一个人付出有多少，往往决定了他成就的大小。

有这样一则寓言故事——一天，时间老人对着兄弟三人说："我有三样好东西，你们每人可以从中选一件你们认为最好的。"说罢，时间老人在兄弟三人面前摆出名利、金钱和奉献三种东西。老大选了金钱，老二选了名利，老三很高兴地选了奉献，兄弟三人各得其所。

过了一年，时间老人找到三兄弟，很关心地问："你们得到想要的东西后，日子过得怎么样呀？"

老大愁眉苦脸地回答："我的钱早就花光了，您能不能再给我一些？"

老二很失落地说："我得到了名利，可我的朋友们为什么都离我而去了？这让我很孤独。您能帮我把朋友找回来吗？"

老三沉稳地带着微笑："我尊敬的时间老人，我的良师益友越来越多，我的事情越做越好，很多人也已经开始享受到我创造的财富了。非常感谢您给了我世界上最宝贵的东西！"

寓言说到这儿，我们能够看到，三种不同的选择，结果却大相径庭。占有了金钱，并不意味着能够永远拥有它；享有了名利，也不说明能够得到尊重。这两种东西，往往意味着占有和索取。既不能替别人做些什么，也不能给自己带来有意义的东西。

只有不怕付出，积极奉献，即便付出了一些有形的财富，甚至生命，却能得到更多的支持和帮助。只有奉献，才能充分体现一个人自信的能力，积极的人生和高尚的人格。

可以说，这种奉献的品德本身就是人生的财富。而且这种财富

只会增长，永远不会消减。有了这种财富，能使平凡变得伟大，能使看起来似乎很小的事业而成就伟大的事业。

在人生的途中，我们应该再积极付出一些，譬如，搬开别人脚下的绊脚石，就意味着为我们自己清扫前进的障碍。

有四位优秀的女大学生，在一家医院的妇产科进行毕业实习。待她们实习期满后，这家医院准备录用其中一个人。

有一天，四个人同时接到紧急通知。一名孕妇快要分娩了，孕妇的家人非常着急，需要医生立刻前往她家提供医疗帮助。

到了孕妇家，医护人员把孕妇抬上急救车后，发现车上人已经挤满，孕妇的丈夫上不来了。而此时的孕妇，非常需要亲人的陪护。这时候，其中一个实习生主动下了车，给孕妇的家属腾出一个空间。接着，急救车风驰电掣地开往医院。

半小时后，那位实习生才徒步回到医院。在医院门口，参加急救的副院长问她："当时你为什么要下车？"她回答道："车上已经有医生、护士了，但我考虑，如果没有孕妇的家属陪护，可能会影响抢救。"

几天后，院方通知那位实习生，她被录用了。医院认为，在那一次对孕妇的急救中，她的积极态度和行为表现出了她愿为别人着想的优秀品德。

任何一个善良的人，在最关键的时刻，都会以付出的方式表现出这种奉献精神的。这种精神和行为能够帮助人们战胜艰难险阻，能够带来人间的温暖，能够让每个人内心更加强大，并给人们带来平安、幸福和永远的快乐。

春风拂面乐悠悠
——真诚的赞扬

每个同学都可以回忆一下被赞赏的美好感觉。譬如，自从踏入校园以来，得过的奖状，受过的表扬，听到过的老师、同学和家长的鼓励。那应该是一种被别人肯定的，自己愿意接受的，乐悠悠的感觉。

每个人都会遇到自我评价和认知他人的问题。同时，也需要学习怎样赞美别人。我们能经常倾听到在自己内心，热情真挚赞美别人的声音吗？这种声音怎样才能从我们内心深处发出来呢？

在弄清这个问题之前，我们先了解一个有趣的心理现象。

有一个女孩穿了一身漂亮的衣裳，感觉自己很独特，很有品位。当她正在自我欣赏的时候，忽然发现大街上，很多女孩也穿着跟她一样的衣服。这种感觉有点怪，为什么大家都在穿同样的衣服？她把自己的发现告诉了一个孕妇。

这位孕妇说：“我倒是没看见很多同样的衣服。可是我最近发现，无论在哪里都会看到像我这样的孕妇。我刚才逛街时，就看见六个准妈妈。今年会不会比往年有更多的宝宝要出生呢？”

这个有趣的现象，在心理学上叫做“视网膜效应”。也就是说，当我们认为自己拥有一件独特的东西或一项特征时，会更加注意在别人的身上是否具备跟我们一样的特征。“视网膜效应”会帮助人们，在比较中发现自己和别人的优点或缺点。

在这样的心理基础上，每个人除了有物质方面的欲求，还渴求别人的重视，更希望得到别人对他存在的认可。所以，人们都需要学会客观公正地评价自己，看待别人。

在人们的眼睛里，大海是一望无际的，天空比大海还要旷远，但人们的胸怀可以做到比天空还要豁达。在一定程度上，人们正确评价自我和客观认知别人，正是一个人胸怀豁达的表现。

一个人对自我的评价，经常是拿别人作为参照，通过与别人对照，认识自己的长处和短处来进行的。如果过分夸大自己长处，就会漠视别人的长处而夜郎自大；如果过分强调自己的短处，可能会觉着自惭形秽。只有恰如其分地自我评价和认知他人时，才能不骄

不躁。同时，也就具有开阔的胸怀和真诚热情的亲和力。

一个能够看到别人优点的人，才有可能看到对方越来越多的可取之处。才能真正从内心对别人发出真诚的赞赏。因此，我们应该用积极的态度看待他人，学会真诚地赞美他人。这时候，我们在内心会推开一扇幽闭的大门，透进一股清新的空气和温馨的亮光，使我们心怀敞亮，自然会对外散发出热情和真诚。

一个不会赞赏别人的人，几乎得不到别人的赞赏。发现了别人的长处和优点，及时赞赏也是一种美德。所以，我们要有公正豁达的胸怀，积极关注别人，用赞赏来表达对别人的理解和尊重。

有一位企业家，他在事业上取得了巨大的成就。在一次报告会上，有人问他，取得巨大成就，是什么起了最重要的作用？

企业家没有直接回答，他在黑板上画了一个留了缺口的圈儿。他反问道：“这意味着什么？”

“零？”“圈？”“未完成的事业？”“成功？”……台下七嘴八舌地答道。

他解释说：“其实，这只是一个未画完整的句号。道理很简单——如果仅靠我一个人的能力，几乎不可能把事情做得很圆满。就像这个缺口一样，需要依靠我的同伴，用他们的勤劳和智慧去填满。他们把这个圈画圆满了，我们才能有所成就。”

这位企业家一方面肯定了自己的能力，另一方面对他的同伴也给予了充分的肯定，这种肯定也是真诚的赞赏。

当我们真诚地赞赏别人的时候，温暖的春风正在向我们扑面而来……

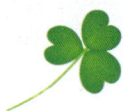

“首因效应”与伊索的“舌头”——举止言谈

老电影里面，舞台戏剧化和人物脸谱化倾向比较明显。一个人物一出场，因为灯光、音响、人物表情、对话等画面效果的“暗示”，观众就能判断出该角色是好人还是坏蛋。在日常生活中，我们也常听人讲：“一看就知道他是一个什么什么样的人。”这就是第一印象。

在心理学上，这个第一印象被称为“首因效应”。大部分人依赖于第一印象的信息，第一印象比第二印象、第三印象和日后的了解更重要。第一印象往往成为决定人们是否能继续交往的关键。

大多情况下，在对一个人没有具体了解之前，我们也经常通过观察别人的外表，包括长相、身材、肤色、发质、服装、言语、声调、动作等来判断他们。

人们的第一印象的形成是非常短暂的，有人认为是在见面的前 40 秒钟形成的，有人甚至认为只需要 2 秒钟。在对这个人一无所知的情况下，人与人猛然相见之后，形成了第一印象。这个形象留在对方记忆中比较深刻，并且对今后“输入”的关于这个人的信息，产生不可忽视的作用。它是人际交往中非常重要的一环。

人与人之间能否建立信任与合作关系，第一关就在初次相识。可以说，良好的第一印象是沟通和合作的见面礼，也是发挥影响力的开端。那么用什么方法可以获得良好的第一印象呢？

人与人的交往有一个悦他原则。也就是说，我们应该给对方带来欢乐。一般情况下，当我们与一个愁眉苦脸的人在一起的时候，

能感到快乐吗？那么，如果换上真诚的微笑会怎么样呢？

微笑能够体现出一个人的活力和积极生活态度。真诚而又灿烂的笑容可以体现出热情、乐观和宽容的心境，会对对方产生强大的亲和力，因为每个人都愿意和开朗、乐观的人交往，希望自己的情绪也可以受到感染。

除此以外，在微笑的同时也要展现出健康、活力四射的体态和动作。因为充满活力和友善的肢体动作，也是获得良好第一印象非常重要的因素。虽然身体所展示的是无声的话语，但能给对方产生很大的影响。如站得笔直、面朝对方，大方有力地握手，同时直视对方并点头。不卑不亢的礼仪风度会增添肢体语言的魅力，从而给对方留下深刻的印象。

刚才，我们弄明白了影响人们交往的仪态举止，那是用丰富的肢体语言和表情表达出来的个人真实信息。还有我们的言语方式，也同样起着传达我们心声的重要作用。一些事儿，成也“舌头”，败也“舌头”。我们请古希腊寓言大师伊索，给咱们讲一个关于舌头的故事。

伊索年轻时曾给一个贵族当奴仆。一天，主人要请客，让伊索准备最好的菜肴。伊索接到主人的命令后，办了一个丰盛的舌头宴。

开宴时，主人大吃一惊，忙问：“这是怎么回事？”伊索笑着回答：“我尊敬的主人，你吩咐我为客人做最好的菜。因为，舌头是表达各种美好思想感情和传播智慧的关键，舌头不就是最好的菜吗？”客人听后都发出赞赏的笑声，主人也对伊索的机智表示称赞。

主人又吩咐伊索说：“明天给我办一次酒宴，菜要最差的。”第

二天，开席上菜时，依然是舌头。主人见状，勃然大怒。伊索却不慌不忙地说："难道一切坏事不是从人的口中说出来的吗？舌头既是最好的，也是最坏的东西啊！"

看来，说话只是一种表达方式，关键是它承载着人们的思想和情感。人们通过说话来传递思想、感情和知识，这是一种重要的交流途径。

很多同学都读过刘易斯·卡罗尔的《艾丽丝漫游奇境记》，里面有一段对话——"请问国王陛下，我应该从哪里开始？"白兔问道。"从应该开始的地方开始，直到最后结束，然后停止。"国王严肃地答道。

这是国王对白兔的忠告。当我们准备讲话时，应该接受这一忠告，认真考虑：在什么地方说话，用什么角色说话，说给谁听，如何开始，说些什么，怎样结束。

说话不仅要注意身份角色，还要注意场合，看对象说话，审时度势。否则，再好的话也可能起不到好的效果，也将不受欢迎。

英国女王维多利亚与其丈夫阿尔伯特相亲相爱，感情和谐，由于妻子是一国之君，大多时间忙于国家政务。有一天，女王办完公事，深夜回到寝宫，见卧房的门紧闭着，就敲起门来。

问："谁"？

答："我是女王。"门未开，再敲。

问："谁？"

答："我是女王。"门未开，再敲。

问："谁？"

答："你的妻子。"门开了，维多利亚这才走了进去。

女王回到寝宫，就是回到自己的家里，这时场合改变了，她的角色理应变为一个妻子的身份，她在宫廷上对着王公贵族说话，显示的是国家至高无上的权威，回家应该从妻子的角度说话。

说话还要表达真诚的情感。二战期间，丘吉尔临危受命时，向全英国人民发表就职演说："我没有什么可以奉献的，有的只是热血、辛苦、眼泪和汗水。"字字皆是真情的流露，生动感人，丘吉尔的能力、才华、毅力、演讲才能，都显示了他的伟大与真诚。

讲话应该流露真情实感，在任何时候都会受人欢迎。只有真情才能打动人心，也只有真情才能永远与我们同行。

无论说话的目的是什么，都是为了促进人们之间良好、融洽的交流。特别是在一些正式的场合发表演讲，我们不仅应当熟知演讲的实际内容，还要保证以最好的方式让别人接受我们的信息。

给人良好的第一印象，学会说话，有一个好的口才，可以使我们获得别人的同情、理解和支持，能够有效地实现与他人的思想情感的沟通，能够帮助我们更好地与他人合作。

是人类美好的本能，也是强大的力量——用心爱世界

很多哲学家、宗教家在对人生价值的研究中，都不约而同地发现了一种珍贵的东西，就是爱。

在对爱的含义研究中，学者对宗教和诸子百家一些学派提倡的爱进行了分析，如佛家的“大爱”、基督的“博爱”、儒家的“仁爱”和墨家的“兼爱”都道出了人生的真义。

佛家认为，人们往往因为太执著而产生分别心，“这是你的”、“我的”，“我喜欢这”、“不喜欢那”……以至于拼命地去追求、去占有各自所喜欢的东西，从而导致心胸狭窄，也正因为这样，造成了世界上许多恩恩怨怨。

所以，佛家提倡“大爱”，要求人们不应把爱局限于某个人或某些范围，当我们把牺牲当做享受，能够无私地付出自己的爱心，就能得到快乐，而且活得充满意义。在大爱中，没有嫉妒与仇恨。

基督从教义上相信：神的本质就是爱一切，因为他的一切作为都是以爱为起点，以爱为终点。这实际上是“博爱”：爱世人，不分国籍、种族，甚至包括自然万物。这种爱是“四海之内皆兄弟”的爱，这种爱的核心是“爱人如爱己”。

我们在此不宣扬、不考虑宗教的因素，只是说人们也应该有“博爱”的情怀。下面的一个小故事，可以帮助咱们加深对这种爱的理解。

有一个生气的小男孩,他在山谷中大喊:“我恨你,我恨你……”而山谷回音也是“我恨你,我恨你……”小男孩回家告诉妈妈说山谷中个男孩说恨他。妈妈叫他再对山谷喊一次:“我爱你,我爱你……”男孩照着做了，而发现山谷传回的也是“我爱你,我爱你……”

我们的人生也是这样。你给它什么,它就回报你什么。你想要别人喜欢你、爱你，就要先喜欢人、爱别人。只有博爱的人才能敞开胸襟

去待人接物、乐于助人，在人际关系中获得如鱼得水般的快乐。

儒家提倡“仁爱”，是倡导人和人之间彼此相亲相爱。而研究人际关系或人际交往的问题，就得提到孔子的仁爱学说。“仁”这种思想在《论语》中最为常见，也是孔子思想的核心。

许慎在《说文解字》记载：“仁，亲也。从人，从二。”也就是说人与人在一起互相相亲相爱，叫做“仁”。《论语·颜渊篇》中有：“樊迟问仁。子曰：‘爱人’。”樊迟去问孔子如何做才叫仁，孔子回答他：“就是去爱人。”由此可见，孔子认为“仁”要在现实生活中用“爱人”来表达。

爱别人的人必定也被别人所爱；父母爱护子女，子女也必敬爱父母；丈夫爱护妻子，妻子也必定爱丈夫；老师爱护学生，学生也应该爱老师；你爱朋友，朋友也必定爱你……因此，“仁”代表的是内在的心意、情意、善意，是种正面的道德力量。

人与人之间，如果真能做到大家相亲相爱，就会达到大公无私的境界。生活在这种爱的气氛当中时，到处都充满温暖，就是人生的幸福。所以咱们要从自身做起，从自己开始，发扬“爱人”的精神，营造一个幸福的人生环境。

墨家最早倡导“兼爱”。兼爱是指人与人之间普遍而无私的互爱。墨子提出“兼爱”思想，是顺应当时的现实问题而提出的。战国时代，国与国之间互相攻伐、人与人之间互相冲突，墨子归结当时产生各种社会乱象的主要原因，就在于人与人之间自利自为而“不相爱”。

既然不相爱，于是在利益的冲突时，当然不免损人利己，这是造成社会动乱的主要原因。所以墨子提出“兼爱”思想，主张如果每个人都能爱别人如同爱自己一样，就可以达到社会安定的目的。

墨家倡导的“兼爱”，是一种不论关系亲疏、远近，不论阶级高低、贵贱的平等之爱，这种爱是人人平等的爱。墨家的“兼爱”是对人类整体的爱、彼此平等的爱，是借着人际间的互动性与个人的主动性来完成的互利之爱。

“大爱”、“博爱”、“仁爱”和“兼爱”都揭示了爱的真正含义。爱都是以平等为前提的，爱是一种主动的付出，爱是不求索取的道德情操，爱是面对世人的高尚胸怀，爱是唤醒沉睡能量的号角，爱是消融心灵隔膜的热情之火，爱是战胜邪恶与仇恨的武器……一切美好从爱开始，一切美好始终有爱伴随。

因为爱，使我们克服小我成就大我，用博大的胸襟包容心胸的狭隘，用积极主动的人生态度替换人生的消极被动，用维护大众的利益克服个人的恩怨思想，用爱温暖善良的人们，克服目光短浅的自我怜惜。于是这个世界就会发生巨大的变化，一个人就会具有战胜邪恶和任何困难的巨大能量。

在对爱的理解上，成功学家安东尼·罗宾认为：爱自己容易，爱朋友容易，爱一切可爱的人和事物容易，唯独爱自己的敌人很难。他更加强调应该如何对待对自己不好的人，甚至敌人。

在安东尼·罗宾的家中甚至贴着一张小小纸片——“爱你的敌人，那样可以解除他们的武装。”一切邪恶将在爱的面前丧失一切战斗力，最后也将瘫倒在伟大的爱脚下。

能够连自己的敌人都爱，就意味着爱一切人，这种爱不容许有邪恶存在。在那些追求中，一定充满了代表正义的善良、平安、幸福，也一定洒满了灿烂的阳光！

3 Chapter 3

成就自我

导语
用炽烈的追求熔炼最闪耀的人生光芒

有一种美丽而神奇的鸟——凤凰，她是我们中国神话中的一种吉祥鸟。《康熙字典》解释说："凤为火精，生丹穴。非梧桐不栖，非竹实不食，非醴泉不饮。身备五色，鸣中五音，有道则见，飞则群鸟从之。"

在中国，关于凤凰的美丽传说很多，讴歌凤凰的文学作品也很多。有一首包含奋进激情的长诗《凤凰涅槃》，作者是我国著名的文学家、历史学家郭沫若。他考证出，天方国古有神鸟名"菲尼克司"(Phoenix)，满五百岁后，集香木自焚，复从死灰中更生，鲜美异常，不再死。按此鸟殆即中国所谓凤凰；雄为凤，雌为凰。《孔演图》云："凤凰火精，生丹穴。"《广雅》云："凤凰……雄鸣曰唧唧，雌鸣曰足足。"

郭沫若在诗中这样放歌："……听潮涨了，听潮涨了，死了的光明更生了。春潮涨了，春潮涨了，死了的宇宙更生了。生潮涨了，生潮涨了，死了的凤凰更生了。凤凰和鸣，我们更生了，我们更生了。一切的一，更生了。一的一切，更生了。我们便是他，他们便是我，我中也有你，你中也有我。我便是你，你便是我。火便是凰。凤便是火。翱翔！翱翔！欢唱！欢唱！……”

凤凰经历烈火的煎熬和痛苦的考验后获得重生，并在重生中升华，称为“凤凰涅槃”。以旧生命美丽的终结，换取了人世的幸福和自我的再生。郭沫若这首《凤凰涅槃》是一首时代的颂歌。用郭沫若自己的话来说，它“象征着中国的再生，同时也是我自己的再生。”

“凤凰”蕴含着熔炼精华，不断更新自我，升华自我，永生不死的精神。她让人们感受到纯粹、高洁的执著与炽烈的追求，是敢于自我否定、不断追求完善的人类文明的精神象征。

可以这样认为，在我们的身体里，在我们的精神世界里，一直存活着两个生命，一个代表着纯洁、正义、勇敢、善良和积极地进取；一个代表着贪婪和邪恶。也就是说，每个人的灵魂深处都存在着善的一面和恶的一面，就像希腊神话中的双面人一样，同时存在着善和恶的两面。

在我们的美丽精神家园中，一直崇尚着善良、勇敢、义无反顾、追求卓越、升华自我的执著精神。而在表现这种精神的过程中，中国凤凰的形象和精神就成了这种精神的美丽化身。我们需要炽烈的火焰不断熔炼自我，升华自我，像凤凰一样，在更生的烈焰中，闪耀金色的人生光芒！

扣住成功的那一环——抓住机遇

机遇是什么？简单地说，机遇就是好的境遇和好的机会，它是人们取得成功的重要环节。机遇，是在现实和我们的愿望共同作用下结出的果实。机遇，是我们做成一件事的条件。法国作家巴尔扎克对“机遇”的体会是，只要一心一意地做某一件事，就一定会碰到偶然的机会。

由于机遇具有偶然、意外的特点，有时稍纵即逝，如不及时把握就会失之交臂。只有目光敏锐、善于观察和勤于思考，有比较充分的准备，我们才有可能抓住它。

经过一番努力，每个人都有可能获得成功。但最有希望成功的，并不是才华出众的人，而是善于利用每一次机会并全力以赴的人。也就是说，我们在学习、工作的过程中，如果在不断刻苦钻研、充实自己的同时，注意捕捉机遇，及时抓住有利时机，就可能取得事业的成功。

法国记者博迪在 1995 年突发心脏病，导致四肢瘫痪，并失去了说话的能力。尽管他头脑清醒，但全身只有左眼还能动弹。

病倒前，他就构思了一部作品，决心在病床上完成他的书稿。他找来一名助手，帮他笔录。博迪在病床上逐字复述他的腹稿，因为只有左眼能动，助手就顺序写出法语的常用词汇，博迪眨一下眼睛，就说明词汇正确，眨两下表示错误。经过几个月的艰苦努力，一部一百五十页的《潜水衣与蝴蝶》的著作完成了，博迪的左眼共眨了大约二十余万次。他以自己顽强的毅力做成了一个健康的人都很难做到的事情，实现了自己的心愿，也赢得了人们的尊重。

从博迪的事迹中，我们能看出来，我们身边到处是机会。机会可以说是无时不在、无处不有。成功者是创造机会、抓住机会、利用机会的高手。弱者等待机会，而强者创造机会。

还有一个小故事。一位修士不小心掉进水流湍急的河里。但他并不着急，因为他相信上帝一定会救他的。这时有人从岸上经过，但他想上帝会救他，于是没有呼救。当

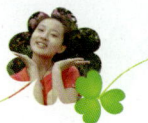

河水把他冲到河中心的时候，他又发现前面浮着一根木头，但他想，反正上帝会救他，于是照样在水中瞎扑腾……

修士死后，他的灵魂很生气，去质问上帝：“我是你最虔诚的仆人，当时你为什么不救我呢？”上帝很纳闷：“我还奇怪呢！我给过你两次机会，你为什么不抓住？”

修士的故事可能比较极端。在现实生活中，也可能没有像那个修士一样愚蠢的人。但它能提醒我们，如果过分依赖客观的条件，消极等待，而不积极抓住和利用一切可能的机遇，结局肯定不好。

优秀的人不会等待机会的到来，而是寻找并抓住机会，把握机会，征服机会，让机会为我们服务。只要我们随时做好一切准备并行动起来，一定会抓住我们需要的机遇。

谷仓里的金表
——执著

在人生赛场上，也许我们经常在看台上欣赏别人竞技。但更多的时候，我们也应该是直接的参与者。竞赛的对方总是以一种充满力量的方式挡在你们的面前，需要你们全力以赴地攻克。

人的一生中，不可避免地会遇到各种阻挠或障碍，要冲过去，跨越这些障碍，就必须具备一种永不放弃的执著精神。

在我们人生征途上，没有目标，就会迷失生命的方向；有了目标，而丧失了勇气，也会失去一切；有了勇气，而缺乏执著精神，最终将会一无所成。

有两只青蛙觅食的时候，不小心掉进路边的一只牛奶罐里。虽然里面的牛奶并不深，但足以让青蛙感觉到强烈的灭顶之灾。

一只青蛙想：完了，完了，全完了，这么高的罐子，我是永远也出不去了。于是，它很快就沉了下去。

另一只青蛙看见同伴沉下时，并没有沮丧。它鼓起勇气，竭尽全力，一次又一次奋起、跳跃……不知过了多久，它忽然发现脚下的牛奶变得硬实起来。

原来，它的每一次跳跃，都是在不停地搅动牛奶，逐渐把液态的牛奶变成一块坚实的奶酪。直到完成最后一次轻盈的一跳，它又重新回到碧绿的荷塘。

而那只放弃了努力，早已沉底的青蛙，只能长眠于奶酪之中了。

这两只青蛙的故事，帮助我们认识到，在我们遇到困境的时候，只要你不肯向困难低头，只要你肯坚持，困难终将会向你低头！

永不放弃、持之以恒的执著精神，是我们专注做好每一件事的必要条件之一。

一个农场主在巡查他家的谷仓时，不慎将一只名贵的金表遗失在谷仓里，因为着急，草草寻找一下，没有找到。于是悬赏一百美元，要人们帮着寻找。

人们面对重赏的诱惑，非常卖力地在谷仓里四处翻找。谷仓里杂乱的东西太多，找一块金表简直如同大海捞针一样。很多人放弃

了寻找。只有一个孩子不死心，整整一天没有吃饭，希望天黑之前找到那块金表，得到悬赏，吃一顿饱饭。

天越来越黑了，小孩在谷仓里坚持寻找，这时，一切喧闹早已过去，谷仓里很安静。“滴答——滴答”的声音从一个角落传来。这个孩子成功了。

在我们追求成功的道路上，随时会遇到坎坷和荆棘。在陷入困境时，如果再向前迈出一步，成功就可能与我们相拥。如果我们停下前进的脚步，就意味着放弃，我们得到的将是功亏一篑的遗憾。

其实，成功不就像谷仓里的金表一样吗？它就在我们身边任何一个角落，只要我们执著地去寻找，就一定能找到。

苏格拉底的手段——必胜的决心

在人生的道路上，人们难免会遇到各种困难和挫折。老子说：“胜人者力，自胜者强。”意思是，能够战胜他人，只能说明你力气比别人大；只有战胜了自我，才能说明你是真正强大的。

苏格拉底是古希腊著名哲学家，很多年轻人都渴望向苏格拉底求学。

一天，来了一个年轻人。苏格拉底带着年轻人走到河边，一言不发，用力把他推到了河里。接着，苏格拉底猛地把他往水里按。这下子，年轻人慌忙拼命挣脱了苏格拉底，爬到岸上。

年轻人不明白这是为什么，苏格拉底回答道：“你必须有绝地求生的决心，才能成就事业。”

我们的决心有多大，往往取决于我们对成功渴望的程度。决心是渴望成功的意念和志向，决心是我们渴望成功的精神起点。

我们要实现特定的目标，不仅要从“决心”出发，还要依靠坚韧不拔的努力。在努力的过程中，需要我们的知识、技巧和智慧，还需要相信“我能行！”

在我们眼前，也一定会遇到很多难题。遇到难题，不仅要下定决心解决，还要有必胜的信心。坚持了，形成战胜困难的习惯了，就会战胜一个又一个困难。也就是说，以往的成功孕育了战胜新困难的信心。

建立信心的关键在于不断练习，每当我们面临困难的时候，要学会在决心胜利的渴望中，唤醒自信的力量。

信心是我们跨越艰难险阻的一座精神桥梁。有了信心，就敢于尝试，敢于探索。

在我们努力追求成功的路途中，踏过“信心”的精神桥梁，我们还能耐受多大的痛苦？这取决于我们坚强持久的意志——它就是毅力。

毅力是帮助我们在逆境中忍耐巨大的痛苦，奋力实现成功的精神支柱。如果我们决心要战胜困难，就要凭借毅力，坚持不懈地做下去。

1948年，英国牛津大学邀请英国首相丘吉尔来演讲成功的秘诀。

丘吉尔走上讲台说："女士们、先生们，我成功的秘诀有三条：第一是绝不放弃；第二是绝不、绝不放弃，第三是绝不、绝不、绝不放弃。我的演讲完了，谢谢大家。"

会场爆发了长时间的热烈掌声。

这掌声告诉我们：人生成功的秘诀并不复杂，就是确定努力的目标，拥有坚强的决心、坚定的信心和顽强的毅力，迈出脚踏实地的步伐，勇敢地呐喊——我必须！我能够！我坚持！我们一定能成功！

圣人的慨叹
——珍惜时光

有一本叫《时间舵手》的书。对于“舵手”，我们也许会很奇怪：驶轮船需要舵手，开汽车需要司机，驾马车需要车把式(赶车的人)……时间既看不见，也摸不着，来无影去无踪的，人怎么成为它的舵手？

但我想，大家都清楚：时间对每个人都是公平的，它不会多给谁一点，也少不了谁一点。但怎么充分利用，这里面就有很大的学问了。

有一位从我们身边走过的老人，他曾站在浩浩荡荡的大河之滨，发出了一个醒世的感慨：“逝者如斯夫！不舍昼夜。”

那天籁般的声音一直回荡至今——时光流逝不返啊！就像这条川流不息的大河，一刻不停啊！那位老人就是春秋儒家学派创始人孔子。经历了两千多年，那句话依然充满着哲理。

很多哲学家用哲学的语言说：时间是物质存在的一种客观形式，由过去、现在、将来构成的连绵不断的系统，是物质的运动、变化的持续性的表现。

莎士比亚用诗的语言咏叹：时间的无声脚步，往往不等我完成最紧急的事务就溜过去了。

高尔基用文学的语言描述：时间是最公平合理的，它从不多给谁一分，勤劳者能叫时间留下串串果实，懒惰者只能让它留给他们一头白发，两手空空。

你已经开始明白了吧，时间就是一种独特而又异常宝贵的东西。它既不能逆转，也不能贮存。

但时间可以任人随时支配，也就是说，可以在今天，在这一小时，在这一瞬间使用它。总之，只要留意它的存在，你就能够在当下抓住它。从这个角度，可以说，我们是能够触摸到时间的。

俗话说，“一寸光阴一寸金”。人们拿黄金比喻时间的宝贵，把时间看成财富，甚至比财富更宝贵。在充满传奇色彩的阿拉伯地区，流传着这样一个故事。

一天夜里，一位巴格达商人在空旷的山路上行走。忽然，他听到一个神秘的声音对他说：“请你弯下腰来，在路边捡起几个石子，明天早晨你将因此得到欢乐。”

当时，商人虽然难以相信石子会给他带来欢乐，但他还是弯下腰，捡了几个石子装进衣袋。第二天早晨，商人掏出衣袋里的石子。当看到第一粒石子时，他惊呆了——原来那不是一般的石头，而是光彩熠熠的钻石！接着，第二颗、第三颗、第四颗……一颗颗，都是些红宝石、绿宝石、蓝宝石！

这位商人惊喜过后，后悔自己当初怎么不多捡几个！多捡几个石子，不又多得到几颗宝石吗！

宝贵的时间总是零零碎碎，一点一滴，正像这位巴格达商人捡到的石子一样。在他捡起那些石子的时候，并没有意识到它们的宝贵，当然没有竭尽全力地去捡，那些没有到手的石子，将永远再也捡不到了，因为他不可能再有回头的机会。

无论我们走到哪里，阳光照射下的身影都在不停地偏斜。日晷、沙漏和滴答作响的时钟，每一刻的潜行和跳动都在提醒我们，时间在无情地转瞬即逝！

很多人都会说“要珍惜时间”，等把时间白白浪费掉，致使一事无成之后，他们才开始空叹时间是何等重要。

把握时间，就是掌握生命。大家面对同样的一天二十四小时，同样的一年三百六十五天，有些人虚度光阴，一事无成；有些人看似忙忙碌碌，却一生平庸；有些人拥抱时间，可以挥洒自如，成就

非凡。

不同的人面对共同的时间，怎么会有这么大的差别呢？原因只有一个——人们是否对时间做到了合理的利用！

咱们要做时间的主人，而不能被时间牵着鼻子跑。

数学家华罗庚在时间运筹上，给我们举了一个生活实例——早晨起来就半个多小时，你一样一样去做事，几个小时也不够，如果你起床后先把粥熬上，再洗脸刷牙，然后把水烧开，再把窗子打开……就会事半功倍。

学会节省时间，才能合理利用好每一分、每一秒。学会挤出时间，是我们有效利用时间的关键。在这儿，有三个方法，可以帮助我们有效地利用有限的时间：第一，做事分轻重缓急，计算出如何在有限的时间里干出更有成效的事情。第二，检查造成时间浪费的原因，合理安排做事的先后顺序，运筹时间。第三，毫不拖延地充分利用每一分钟，长期坚持，就能积少成多，把零碎时间变成整段的时间。

每个人都没有理由不珍惜今天，不仅要努力做好今天能做的事情，还要时刻准备着做好明天的事。

当个黄豆贩子
——思维方法

古人常说，成事在天，谋事在人。现代人常讲，思路决定出路。谋事也好，思路也罢，总之是为了解决问题。

一个商业网站的论坛上，发了一个帖子：“假如你有一百斤黄豆要卖，可现在市场上黄豆正滞销，请问你有什么办法把豆子卖出去？”

帖子一出，跟帖的网友纷纷支招——

第一种方法：如果市场上豆子滞销，那么就把豆子剥成豆瓣，卖豆瓣；如果豆瓣卖不动，就把豆瓣腌了，卖豆豉；如果豆豉还卖不动，那就加水发酵，改卖酱油。

第二种方法：将豆子制作成豆腐，卖豆腐；如果豆腐做硬了，就改卖豆腐干；如果豆腐做稀了，就改卖豆腐花；如果实在太稀了，那就改卖豆浆；如果豆腐卖不动，就多放几天，改卖臭豆腐；如果还卖不动，就让它彻底发酵后，改卖腐乳。

第三种方法：让豆子发芽，改卖豆芽；如果豆芽滞销，就让它长大点，改卖豆苗；如果豆苗还卖不动，就再让它长大点，命名为“豆

蔻年华”,当盆栽卖……如果还不行,那就赶紧找块地,把豆苗栽到土里,灌溉、除草、培育,入秋收成,再去市场卖豆子……

哈哈!这些就是解决豆子问题的思路。

这样看来,只有卖不掉豆子的头脑,而没有卖不出去的豆子!

看见了吧,对于头脑灵活、思路开阔的人来说,任何问题都有多种解决的办法和途径。在这里,思维方式的改变是至关重要的。也许咱们从哥伦布那里也能获得一些启发。

哥伦布发现美洲新大陆后,英国女王为他摆宴庆功。许多王公大臣、名流绅士都对他不屑一顾。“有什么了不起的,换了我,也一样能发现新大陆。”

酒席上,哥伦布从桌上拿起一个鸡蛋,笑着问大家:“各位尊贵的先生,你们能把这个鸡蛋竖起来吗?”

于是一些自命不凡的人纷纷尝试,但无论怎么努力也竖不起这个鸡蛋。

“我们立不起来,你也很难做到!”大家的目光盯住了哥伦布。

哥伦布拿起鸡蛋,“砰”的一声往桌上磕了一下,鸡蛋牢牢地立在桌子上。

众人嚷道:“这谁不会呀!这太简单了!”哥伦布微笑着说:“是的,这很简单,但在这之前,你们为什么想不到呢?”

哥伦布就是因为改变了思维方式,并努力行动起来,才发现了新大陆。哥伦布的这一招叫做“不破不立”。

在我们现实生活中,人们积累了大量的知识和能力,同时也养成了一些习惯。人们经常从习惯的角度看问题,但在条条框框里限制了思维的发展。

当我们发觉自己陷入思维死角的时候,不妨让我们尝试一下,

打破原有的思维习惯，也许能够开辟新的境界。

大唐贞观年间，为了稳定北疆，驱散北部草原燃起的狼烟，唐太宗李世民率部亲征，打败了颉利可汗，并把他押回长安。

颉利的残部阿史那思摩则收集两千多残兵，从北方混入十万流民之中，潜伏进长安城内。

面对这个“特洛伊木马”式的危机，侯君集准备设法从城中引出十万真正的难民，让这支伏兵现形。他命令部下从北门开始，向北方向挖坑设灶，计划支起一千口大锅，熬粥赈灾。但当时几乎不可能在较短的时间内找到千口大锅。

正在大伙儿一筹莫展的时刻，仓部郎中的女儿丽琬，得知东大仓本来就有八百口防火用的大缸后，大胆地向侯君集建议以缸代锅，解决给十万难民做饭的大问题。

于是侯君集立即命令部下点柴熬粥，并要求从城门开始，越往北走，缸里放的大米越多。结果既赈济了灾民，又很快在城内俘虏了阿史那思摩的两千多伏兵，彻底消除了危及国家安全的重大隐患。

这个故事也许带有一些演义色彩，但本来大缸就是经过窑火烧制而成的，我们日常生活中可以用类似大缸的砂锅做饭，用大缸代替大锅当然也可以。思维一旦发散开，困扰人们的问题就迎刃而解了。

其实，在解决一个问题的时候，思维的方式是多样性的，可以让思维向左右发散，或作收敛思维，或作逆向推理，或者立体思维，或者进行系统思维，有时会得到意外的收获。

有了思路，有了办法，具备了条件，就要行动，才能有效地将思路转化为成功的现实。

当心魔鬼的血盆大口
——注意细节

在我们现实生活中，忽略了细节就会尝到失败的苦头，甚至可能以生命作代价受到惩罚。

我国前些年澳星发射失败就存在细节问题，在火箭的配电器上多了一块0.15毫米的铝物质，正是这一点点铝物质导致澳星爆炸。

1986年1月28日，美国“挑战者”号航天飞机升空100秒后发生爆炸，7名宇航员全部遇难，造成震惊世界的悲剧。事后，调查结果表明，航天飞机右侧助推火箭密封圈因严寒变形而失效，致使燃气外泄燃烧，引爆了巨大的燃料箱。在这里，一个小小细节的问题，造成了巨大的灾难，这是人类在20世纪最值得铭记的大事件之一。

由此，可以让人们明白一个道理，细节决定成败，甚至关系生死存亡。

这样的道理，老子在两千多年前就说过：“图难于其易，为大于其细。天下难事，必作于易；天下大事，必作于细。”

老子是在告诫人们，天下的难事都是从容易做起的，天下的大事都是从细节做起的。

这其中的“细”字，就是在强调细节的重要性。既然细节那么重要，咱们就应该主动探寻一下，细节都是在哪些方面起着重要作用。

抓住细节可以帮助成功，成就我们的事业，甚至化险为夷，挽回巨大的损失，拯救人们的生命。

1951年，加拿大乔克河附近的一座核电站发生了泄漏事故。核反应堆已经开始融毁，如果不立即拆除反应核，上万人将有生命危险。这时必须有人钻进核反应堆内部，手工拆除反应核。核电站选中了一个 27 岁的美国海军少尉，他受过核物理与核反应技术的专门训练。

工程师们在很短的时间内，搭建了一个核反应堆模型。年轻的少尉在技师们的协助下， 迅速地一遍遍操练。拆除分 4 个阶段进行，每阶段必须在 1 分 30 秒内完成，所有步骤必须精确无误。记错一个阀门，拧错一个螺丝，后果将不堪设想。

熟练之后，少尉穿上防护衣，毫不犹豫地进入核泄漏最严重的地方，独自面对一个正在融毁的反应核。整个过程中他所受到的核辐射，等于常人一年标准计量最大辐射的总和。如果因操作不当，造成时间延长，他活着出来的可能性很小。唯一的希望是他能准确操作以减少时间，最多 6 分钟必须完成拆除任务……

胆大的人，才能够为人之所不敢为；心细的人，才能为人所不能为。这样的人才能为自己赢得更多的机会。那个年轻人当年不但成功地拆除了反应核，而且至今还健在，已是 82 岁高龄了，他获得过诺贝尔和平奖，他就是美国第 39 届总统卡特。在这里，我们发现：细节体现了一个人的能力，做到了每个细节的成功，才是真正的成功。

在根本性、关键性的事情上，细节往往关系到事物发展的命运，这时具体的事情就没有大小之分了。例如，1966年邢台大地震第二天，周恩来总理赶赴灾区，他对当地干部指示：“要让群众尽快吃上热食，要保证群众每家都有一盏油灯，一个和面盆，一口锅，一

把勺，每人一双筷子，一个碗。”很明显这虽是细节，但却是关系到群众根本利益和民生的大问题。

重视细节的程度，往往能反映出一个人的内在素质和精神。

有一个驯兽师，曾经多次接受过记者的采访。面对很多类似的疑问：“你把头伸进狮子、老虎的嘴里时，就没担心过会发生意外吗？大象从来没有误踩过你吗？”

驯兽师坦然回答：“过马路时，我总是很警惕，因为我不确定哪一辆车会失控。但是，当我与野兽们相处时，我甚至不必细看，只要听听它们呼吸，就能判断它们的状态——那样发生意外的可能性极小。”

有一年初夏的一天，驯兽师正在进行日常训练，一只蚊子在他面颊叮了一口。驯兽师随手拍死了蚊子，巴掌上粘了血！就在那一瞬间，驯兽师敏感地察觉到老虎神态异常，猛然想到老虎还未曾进食，或许血腥味会引起它内心的躁动！驯兽师闪身蹿出铁笼，反手锁上门，那只老虎竟然凶猛地扑到笼门边！

如果驯兽师忽略了那一点血的细节，反应再慢一点，后果将不堪设想。

后来，又有记者问类似的问题，他略带调侃地回答：“我面对老虎的时候，或者把头伸进狮子血盆大口的时候，最害怕的是附近的小蚊子……”

看到了吧，魔鬼存在于细节，成功也存在于细节。记住呀，特别要注意那些容易被忽略的细节。

凡事都要从大处着眼，小处着手，不忽视每一个细节，把每一个环节都做好、做对。只有这样，才能为我们的成功提供最具有现实基础的可靠保障。

永远继续下去
——忠于自己的目标

在我们的现实世界里，随着生理和心理的发育成熟，每个人到了十八岁就具备了完全的行为能力，也就是每个人从十八岁开始，就是成年人了。

再需要一些时间，你们也将要成年了。那么，步入成年对每一个人来说意味着什么？你们思考过吗？

有一个刚刚步入成年的高中生，在他给父亲的一封信中这样写道："我昨天开始步入成年了，在教室里，面对我的书桌，面对我书页里的国旗，在我的心底，我宣誓了。我自豪地宣布，我成年了！我是中华人民共和国公民……履行我的义务，为了目标，我将一如既往，做到有始有终，坚持不懈！"

眼下，你们的目标是什么？学习做人，学习知识，学会做事，这些对你们来说尤为重要。这是每个人在出生之后至死亡之前，必须实现的基本目标，也是必须经历的生命过程。

其实，在我们每个人的生命历程中，都要完成自己特有的使命。这个使命往往是以人生每个阶段特定的目标而呈现出来的。

在完成使命实现每个目标的过程中，每个人都应该有自己坚定的立场。一旦行动起来，就不要因为旁人的误解或否定、劝阻而轻易改变既定的努力方向。

有一位画家画了一个老翁在垂钓，题名叫《寒江独钓》。

他讲了一个这样的故事：一位老翁喜欢钓鱼，即便是天气晴朗，他也依然穿着蓑衣，戴着斗笠去河边。然而让人感到奇怪的是，他每天稳稳当当地坐在河边，却总是空手而归。有些人笑他白费力气，还搭上很多时间，可他仍旧乐此不疲。有人好奇地问他，他笑笑说："何必在乎别人怎么说呢？我总不能因为别人说了些什么，就不去做我该做的事情吧。别人可能会干扰你，但绝不能决定你的路如何走。"

现实生活中这样的情景时有发生，有些人盲从于别人，别人怎么说，别人怎么看，他都很在意。到头来一头雾水，找不到北。

在我们的学习、生活中，要想找到努力的目标，确定目标的价值，最有意义的在于去尝试，去创造。只要我们真切地努力了，做到忠诚于自己的目标，就意味着实现了目标本身应有的价值。

忠诚于自己的目标，是一件非常难以做到的事情，因为人人有这样那样的欲望，也有各种形式的心理惰性。节制欲望和克服自身的惰性，都需要付出极大的努力，需要吃很多苦头。从大的方面讲，忠诚于自己的目标，需要坚定的理想信念，需要有强大的精神支柱。

我们努力的方向一旦与目标背离、不依目标的要求行事，就会使原定的目标落空，最终以失败告终。这是不忠诚于目标的必然结果。

不忠诚于目标，从行为上看，就是行动与目标的要求不协调。

譬如，有些学生急于提高自己的学业成绩，却又沉迷在网络游戏中，把宝贵的时间大量耗在鼠标和键盘面前，或者整日做一些无关痛痒的事情……诸如此类的例子，在我们的生活中确实经常见到。凡是对自己的目标失去忠诚的人最终都是要走向失败的。

许多人最终没有成功，不是因为他们没有能力、没有诚心或者对成功缺乏期待，而是缺乏对有价值目标的忠诚。这种人做事往往虎头蛇尾、有始无终，做起事来东拼西凑、草草了事。

举例来说，一位建筑师画好图纸后，

如果能完全依照图样一步一步去施工，一座理想的大厦不久就会拔地而起。但假如这位建筑师一边施工，一面不停地改动图纸，东改一下，西改一下，那么这所大厦还能盖好吗？从这里我们也可以看出，在做任何事情之前，应该像建筑师设计确定的图纸一样，确定富有价值的努力目标，一旦主意打定后，就不能动摇，坚决按照既定的计划，踏踏实实去做，一步一个脚印，不达目的誓不罢休。

保持着全力以赴和永远进取的精神，不断继续下去，是忠诚自己目标的唯一聪明的做法。

从头顶飞过的大雁群
——团队协作

最近我在一本书的彩页上看到一幅图：一条大狗、一条小狗和一只猫，猫在顶端，小狗在中间，大狗当底座，它们在叠罗汉，为了吃上冰箱里的鱼罐头配合得非常默契，让人忍俊不禁。

其实在咱们日常生活中，只要有人群，就会有分工协作。但要充分体现出团队精神来，却不是一件容易的事情。

要实现我们的理想和愿望，创造人类美好的未来，“团队协作精神”在今天显得更加重要。只有在团队中，人们才能更好地体现出自身的价值，一旦脱离了群体，将失去人生的根本。

看看人类的历史，从考古发现的“山顶洞人”、“北京猿人”、“蓝田人”、“半坡遗址”、“河姆渡文化遗址”、“埃及金字塔”、“巴比伦文化”、“希腊雅典娜神庙”、“玛雅文化”等等，直到今天的山林、田园村落和高楼林立的都市，都已深深地打上了人类群居的烙印。

社会化文明程度高度发达，人类的社会角色分工越来越细致，专业化的公共服务职责越来越明确，个性化的人性特征越来越鲜明……这就是我们的今天。

人们为了共同的愿望与目标，共同约定行为规范，建立起和谐共进的关系，并结合成为具有某种性质的集体或团体，这就是团队。我们可以这样认为，任何聚集在一起的群体，都可以称为团队。其特点就是，为了共同的目标而相互合作。

在自然界中我们也不难发现，人类的朋友——无论是动物还是昆虫，出于趋利避害的生存本能，在长期对大自然的适应过程中，分别形成了各自种群特有的群居生存方式。

每逢冬季将临的时节，总会听到静夜的天空中，从北方迁徙而过雁群的鸣叫。据资料显示，在迁徙的飞行中，雁群非常“懂得”物理力学。大雁飞行总是结队为伴，队形一会儿呈“一”字形，一会儿呈“人”字形。大雁编队飞行能产生一种空气动力学效应，可以提高7成的飞行效率，能够借助团队的力量飞得更远。

大雁的叫声热情振奋，能给同伴鼓舞。我们可以把大雁的叫声，翻译成人类的语言——坚持啊，坚持，您是我们最棒的伙伴啊！坚持啊，坚持，我们坚决不掉队啊！这激情的叫声，使大雁团队永远保持着前进的信心。

当一只大雁掉队时，会立刻感到独自飞行的艰难，所以它会很快追到队伍中，继续利用前一只大雁造成的浮力气流飞行。不然的话，它最终会因为体力不支而从空中跌落，成为一只无助的孤雁。

当有的大雁生病或受伤时，就会有两只同伴来协助和照料它飞行，直到它康复或死亡，然后他们继续追赶前面的队伍。

大雁团队的榜样力量，让我们明白了，无论我们遇到什么样的艰难困苦，在团队中有了彼此的关心呵护，相互的激励鼓舞，我们就不会感到人生之旅茫然而又漫长。

敞开心扉吧，让更多的人走进你们的心田，成为相携以远的伙伴。像大雁那样——齐飞！

各持所长，默契配合，就一定能实现我们共同的愿望。

师傅的三下敲打——感悟玄机

当年的孙悟空刚从石头缝里蹦出来不久，漂洋过海，求仙学道。他在师傅的讲堂里，猴性旺盛，机灵有余，学了很多法术。但天长日久，难免上蹿下跳。

于是师傅当着众徒弟的面，在他头上狠狠地敲了三下。孙猴子思前想后，觉得那一定不是在责罚他，可能另有玄机。莫非……当晚，夜深人静，三更时分，孙猴子已经跪在师傅门前了。

师傅哈哈大笑之后，称赞他果然聪明过人，领悟到那三下敲打，就是约定三更天的时候，向他密传技艺。没过多久，孙猴子已经学会了筋斗云、七十二变和长生不老的高级法术。这是孙猴子第一次向世人展示他的超强的悟性。

师傅的三下敲打启发的不只是孙悟空，其实，对我们也是一样，这是一个探究、学习、思考、寻觅、推演、揭示事物真相的感悟过程。

在这个感悟的过程中，悟性对升华我们的思维能力，起到扭转局面的重要作用。

悟性并不神秘，它是一种学习、理解、参悟辨别的能力，它的对象往往是一种包裹在现象里边的东西，也可以叫做事情发展的规律。悟性体现了一个人，对人和事物本质的慎思明辨的顿悟能力。

“悟”字，从文字表面看，左边是“心”，右边是“吾”，即自己。也就是说，要悟，必须是用“心”，必须亲自力行。牛顿从苹果落地这一现象，悟出了“万有引力定律”；阿基米得从洗澡中悟出了“浮力定律”。

人生的感悟要靠知识、靠视野。一个人若坐井观天，他看到的只能是狭窄的视野。只有打开视野，多学习、多观察、多实践，才能拓宽思路。这也是为了最终解决问题而提高思考能力的过程。

为什么观音菩萨给“齐天大圣”孙猴子取个僧名，叫“孙悟空”，原因可能就在这里。

任何一项发明创造，电灯、电话、飞机、计算机等等，都是发明者先有感悟，后有发明创造的产品。

发明家韩毅和有很多发明，其中有个发明很有代表性，就是“旗帜飘扬器”——他在天安门广场看到国旗升起时，心里寻思，怎么在没有风的情况下，让国旗也能飘扬起来。后来，经过反复研究和试验，“旗帜飘扬器”发明出来了。这个发明，用在了香港回归祖国的交接仪式上，五星红旗升起来了，鲜红的国旗飘扬起来，张扬起的是中华民族的自豪！

古今中外一切有成就的人，都非常重视思考。孔子教育他的学

生:“君子有九思。视思明,听思聪,色思温,貌思恭,言思忠,事思敬,疑思问,忿思难,见得思义。”

意思是说,君子要对九种问题进行考虑——观察,考虑明白;倾听,考虑清楚;表情,考虑温和;仪态,考虑谦恭;言谈,考虑忠诚;做事,考虑严肃;困惑,考虑求教;恼怒,考虑后果;见到利益,考虑道义——由此可见,思考这种心理认知行为,在我们解决问题时的重要性。

爱因斯坦说:“学习知识,要善于思考、思考、再思考,我就是靠这个方法成为科学家的。”

思考,特别是勤奋思考,才能打开智慧的大门。

学习吧,思考吧,感悟吧,蓦然回首,我们会看到,成功已在灯火阑珊处。

荀子的成功法则——借助外物

早在战国时期，荀子在他的《劝学》中说道："登高而招，臂非加长也，而见者远；顺风而呼，声非加疾也，而闻者彰。假驭马者，非利足也，而致千里，假舟楫者，非能水也，而绝江河。君子生非异也，善假于物也。"意思是说，人们登上高处挥动手臂，手臂虽然没有加长，但在很远的地方都能看到他；顺着风向呼喊，声音虽然不够洪亮，但能让人们听得很清楚。借助车马之行，腿脚跑得并不快，而能行至千里之外；借助舟船横渡江河，不一定会游泳，但能够到达彼岸。贤德而有才能的人本身并没有特异能力，只不过善于借助外力罢了。

荀子揭示了一个成功法则，就是要巧妙地借助外力，能够使自己获得成功。

人类社会的进步也意味着社会分工越来越细致，专业门类也越来越繁多，在现实生活中，有时单靠一个人的力量很难实现自己的愿望，往往需要借助他人的帮助，需要参与合作和借助客观的资源才能达到成功的目的。

这一点在动物界也不例外。就说兀鹫吧，兀鹫是一种体形较大的猛禽，可以翱翔高空，发现猎物会以极快的速度俯冲，准确地捕获猎物。

在东非大草原上，有时一丝风也没有。这时兀鹫们会静静地待在树上。一位学者带着自己的学生，在那里研究这些兀鹫。学者对自己的学生说，这个时候我不需要借助别的东西就能抓住兀鹫。

同学们半信半疑看着学者，学者不慌不忙地走向兀鹫，兀鹫受到惊吓就飞向不远处的另一棵树上，像这样反复做了几次以后，兀鹫再也没有飞行的力量了，它只能在地上奔跑，最后还是被学者徒手擒住。同学们很诧异，学者解释道：因为每一种鸟飞行肌的力量都有极限，超越了极限，又得不到外力的帮助，再凶猛的禽鸟只能靠奔跑躲避危险了。兀鹫体积大，身体重，想搏击长空需要借助上升的气流。对于兀鹫

来说，无风可乘也就无力展翅高飞，只有借势而上才能展翅翱翔。

在现实中有些时候，甚至假借虚势也能实现特殊的目的。

一家博物馆被盗了。警察勘察现场后断定，参与盗窃的人至少有五个。根据现场判断，他们各有分工，而且相当专业，所以追回被盗的馆藏品的希望几乎很渺茫。博物馆馆长在当地电视台非常痛心地说：十三件全是精品，尤其是那个翡翠戒指更是价值连城，因为它是皇家留下的孤品，提醒珠宝收藏者千万不要收藏它，否则迟早会被发现！

时隔不久，盗窃案竟然顺利地被破获了。因为这伙盗贼看完电视新闻之后，相互猜疑，发生了内讧。警察在火拼现场抓到一个受伤的盗贼。

这个盗贼交代了实情——我们只偷了十二幅画，根本没有见到什么翡翠戒指，可另外几个同伙不信，非说我独吞，我真的没偷那枚戒指！

博物馆馆长清点完被盗的十二幅画以后，满意地对警察说："我可以替他作证，他真的没有偷那枚戒指，因为我们馆内根本没有陈列过什么戒指。"

这位聪明的博物馆馆长在接受采访时，虚报了一枚价值连城的戒指。借着这个虚势，暴露了盗贼的行踪，挽回了博物馆的损失。

任何人想要成功，就要留意我们的生活，善于发现身边的资源。拥有资源并有效地借用一切可能使用的资源，才有可能帮助我们快捷地实现目标。

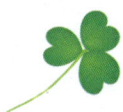

不只是去做感兴趣的事——观察

几乎每个中学生都知道生物学家达尔文。他向世界说明了物种与人类起源的真相。在儿童时期，他就对自然界显露出强烈的好奇心。中学阶段，这种好奇心发展为一种浓厚的兴趣。他特别热衷于搜集各种动植物标本，并且坚持不懈。后来在爱丁堡大学学习医学和在剑桥大学学习神学期间，他依然把更多的时间和精力，用在阅读自然学科书籍和野外采集标本方面。对此，他曾诚挚地对父亲说："爸爸，我对探索自然界有一种由衷的兴趣。"

正是由于对大自然感兴趣，在兴趣的引领下，达尔文才会积极地从事这方面的活动。他的《物种起源》创立了生物史上具有革命性的学说。

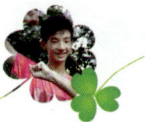

从学习知识的角度，爱因斯坦说过，兴趣是最好的老师。一个人如果对某一种事物很感兴趣，他就会想方设法去学习，而且一定会学得很好。兴趣可以使达尔文把甲虫放进嘴里。也可以使陈景润十几年如一日，在一间斗室里，去摘取哥德巴赫猜想的皇冠。

兴趣也是观察的动力，它可以帮助人们提高观察力。我们观察的最终目的，就是为了发现事物的本质特征。

认识到兴趣和观察的重要作用以后，我们可以进一步探讨一下观察的方法。

要想全面了解一个事物，就必须从不同的角度去观察。一个苹果放在我们面前，我们会看到它红色或者绿色、黄色的表面，切开以后，我们又能看见苹果的果皮、果肉和果核等内部结构。这是一个从整体到局部、从宏观到微观的观察过程，是一种结构剖析的观察方法。用这种细致、准确的方法观察，容易认识到事物的全貌和本质特征。

盲人摸象的故事，大家应该知道。他们各自摸出的形象——管子、柱子、绳子、扇子和一堵墙，如果有秩序地把这些形象组合到一起，不就得出一个活生生的大象的形状了吗？

当我们对事物的各个局部观察时，通过特别精细的观察，可以帮助我们把握它独有的特征，以便更深刻地认识事物的本质，更确切地辨别这个事物与其他事物的差异。这就是细节观察，又称局部观察、细微观察。

对于写作来说，细节观察具有独特的、不可替代的作用。鲁迅先生创作了《阿Q正传》。当他写到阿Q赌钱的时候，请了一位叫王鹤照的人来表演。鲁迅先生看完了押宝、推牌九和赌牌的情形，才绘声绘色地写出了阿Q赌钱的场景。

在学习的过程中，良好的观察习惯能够帮助我们获得丰富、准确的信息，为我们提供感性的认识材料，为进一步创新奠定良好的基础。我们学习前人和别人的知识和经验，不仅仅是为了直接应用于生存，在很大程度上，是为了在已有知识经验的基础上，进一步创新。

可以说，在创新方面，良好的观察习惯所发挥的作用，不亚于人们已经拥有的具体知识。牛顿看到苹果从树上落下来，发现了万有引力规律；瓦特看到水蒸气冲动壶盖，发现了蒸汽机的原理。

如果我们也能始终保持一颗好奇心，怀着极大的兴趣，对一些容易被别人忽视的现象，多问几个为什么，就能帮助我们看到更多，听到更多，感受到更多。或许我们也会有一些重大发现。

观察是快乐的。因为，观察者对一定的事物产生了兴趣，他才会在观察中体会到乐趣。

但是，在你们的生活和学习中，有些事情一定会显得很枯燥，甚至会让人感到无关轻重；特别对你们来说，有些功课总会有令人觉得乏味的章节。然而，生活也是多姿多彩、全面而丰富的，知识更是相互关联的，我们不能只凭兴趣而学习。

善于学习、善于观察的人，不只是去做感兴趣的事，而是努力把一切美好的事物变成我们最感兴趣的东西，并且怀着极大的兴趣做好一切该做的事情。

用神奇力量磨砺一支利箭
——奋力拼搏

有一位朋友，有一次到外地出差。在返回的途中，为了躲让对面的车辆，他乘坐的客车突然冲进了路边的河里。当他从睡梦中被惊醒的时候，自己已经在水里了，车厢里已经灌满了河水。这时，他拼尽全力，打开车窗，从下沉的客车里挣脱了出来。惊魂未定之时，整个车身快要全部沉没在河里了。他再次潜入水中，从车窗钻进去，救出了其他人。

当我赶到现场接他的时候，发现他的牛皮腰带被挣断成两截。庆幸、安慰的话说完了，他却对自己当时的力量感到吃惊。这个“面水而战”力量，强大到能够帮助他快速脱离险境，能够帮助他救出其他人，这在平时根本不可能做到。

这种神奇的力量是什么？它来自什么地方？

在人类与各种逆境抗争时，特别是只有当一个人感到所有外部的帮助都已经被切断后，他才有可能尽最大的努力，以最坚韧不拔的毅力去奋斗。因为这个时候，能够帮助自己的唯有自己的努力，否则就要蒙受失败之辱，甚或死亡。

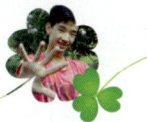

在十万火急的危急关头，一场火灾或其他灾难，会激发出一个人做梦都没想到过的强大力量，这种力量能够帮助人们挣脱困境。这时，人们会觉得自己变成了巨人，能够完成平日根本无力做成的事情。

因为，在我们身体里，有一种叫肾上腺素的化学神经物质，当一个人遇到极其危险的情况时，这种化学神经物质会快速分泌出来，以增强人们应对危险的力量。

也就是说，有一种强大的力量，一直潜伏在我们每个人身体内，来自于我们每个人自身。如果在危难时刻，把生的希望寄托在别人身上，而放弃自身的努力，无异于放弃自己的生命。

战国时期，一位父亲和他

的儿子一起出征打仗。父亲是个将军,儿子还只是一个普通兵卒。

为了攻下一个城池。上阵前,将军庄重地托起插着一支箭的箭囊,叮嘱儿子说:"这是我们传家的宝箭,带在身边会使你胆略超人,力量无穷。但不能随意拔出来。"

从箭囊里只露出一个箭尾,箭尾是用上等孔雀羽毛制作的。不能随意拔出来,儿子就想象着箭杆、箭头的模样——这支箭一定充满着传奇的色彩和神奇的力量。

果然,身背宝箭的儿子英勇非凡,所向披靡。当撤退的号角吹响时,儿子违背了父亲的叮嘱,强烈的欲望驱使他拔出家传的宝箭。突然他惊呆了——箭囊里装着的是一支折断的箭。"我一直挎着这支断箭打仗啊!假如……"

当敌方又大军反扑的时候,儿子的心里只剩下那支断箭了,他似乎失去了父亲希望的那种英勇,斗志轰然坍塌了……结果惨死在乱军之中。

硝烟散去了,将军拣起那支断箭,沉痛地说道:"儿子啊,我以为这支断箭会激发你的决心和信心,你却把成败寄托给这支断箭,而忽视了自己的力量。就算能活下来,你也永远做不成将军。"

同样也是打仗的故事,都说出了共同的道理。公元前1世纪,罗马的凯撒大帝,统领他的军队进攻英格兰。在所有将士抵达英格兰后,他命令把船只全部烧毁。

在满天的火光中,恺撒大声向士兵们说:"现在所有的船只都已被烧掉了,也就是说,除非我们能够打败敌人,否则绝无退路。"

原来我们自己才真正是一支利箭,若要它所向披靡,就要不停地磨砺它。关键时刻,拯救自己不能依赖别人,我们必须抱着绝无退路的决心,勇往直前。如果我们时刻准备知难而退,我们不仅会败在敌人手下，更会自己葬送自己。

在艰难的处境中，被迫完全依靠自己，客观上说是最有积极意义的。因为它能随时激发我们身上最重要的东西，它会让我们的独立精神全部体现出来。只要我们奋力拼搏，处境就会发生惊人的逆转。因为在我们自己的心灵深处，蕴藏着战胜困难的百万雄师。

学而时习之
——学习的目的

你们都已经是中学生了,你们知道自己的课程目标吗?

对这个问题,国家有明确的要求。从知识技能的角度来看,就是培养学生具有初步的创新精神、实践能力和人文素养以及环境意识;具有适应终身学习的基础知识、基本技能和方法。这些都强调以学生的发展为本。

每个人在学习和成长的过程中,都必须掌握适应时代发展需要的基础知识和基本技能,不断提高综合运用知识解决实际问题的能力。

两千四百多年前,孔子给学生上的第一课,就阐明了自己的观点:“学而时习之,不亦说乎?”他是说:学习知识并反复练习、学以致用,不应该感到高兴吗?

孔子是个大教育家,他强调知识的实用性,强调知识学习的社会功用。人们在实践中总结出的经验,为后来学习的人积累了知识财富,也为后来的学习者创新奠定了基础,从而推动人类文明的进步。

在生活中,我们要优先学习最实用的本领。在最关键的时候能够用得上,才能在关键的时候成功地解决遇到的难题。

有一个职高学生到一家工厂实习,师傅让他焊接一个带直角的三脚架。当需要截出斜边的时候,他蹲着在地上划了起来。师傅问他在干吗,这个学生认真地回答,在用勾股定理计算斜边的长度呢。

师傅把他拉到工作台前,将两个直角边的角钢拼在一起,用钢尺搭在空着的斜边上,尺寸一下子就出来了。师傅告诉他,你来实习,面对的是实际工件,在工作台上,你就能直接找到你所需要的东西。

看来,一个只有书本知识而缺乏实践能力的人,不会将书本知识用于实践。所以,咱们也应该弄清知识与实践的关系。

我们需要知识,需要考试,但更需要提高实践能力和未来生存能力,以及创新发展的能力。

只读书是不够的,只会实践也是不够的。在一定程度上,通过实践学习的方式比会读书更直接、更具体、更生动有效。在实践中身体力行和从书本上学习间接经验,是学习的主要途径。学习书本知识与实践两者不能偏废。

在学习中要善于思考,以严谨的态度对待身边的一切,还要敢于挑战"权威"。

伽利略上小学的时候心中就充满了各种各样的疑问：为什么烟雾会上升?为什么水面会起波浪?……他心里充满了各种奇妙的想法,有的问题连他的老师都回答不了。

长大以后,他的疑问就更多了。17 岁那年,他以优异的成绩考上了比萨大学医科专业。有一次上医学课,讲胚胎学的比罗教授照

本宣科地说："母亲生男孩还是女孩，是由父亲身体的强弱决定的。父亲身体强壮，母亲生男孩，反之便生女孩。"

"我的邻居，男的身体非常强壮，从没见他生过什么病，可他妻子一连生了5个女儿，这该怎么解释？"伽利略反问道。

"我是根据古希腊著名学者亚里士多德的观点讲的，不会错！"比罗教授搬出了"理论"根据。

"难道亚里士多德讲的不符合事实，也要硬说他是对的吗？"伽利略继续辩解。

从这时起，他对亚里士多德学说开始了质疑与探讨。在他看来，亚里士多德的许多理论并没有经过证明，为什么要把它们看做是绝对真理呢？

伽利略少年时代提出的种种疑问，后来都由他自己找到了答案。由此看来，检验真理的唯一标准是实践，而不是权威，权威也并不一定是对的。

边实践边思索，通过实践印证书本知识正确的一面，修正书本知识不正确的一面，补充书本知识不完整的一面。这才是一种有效的学习方法。我们通过理论知识的学习与实践的有机结合，将知识转化成实际能力。从这个方面来认识，知识与能力不一定成正比，一个人拥有多少知识，并不能证明他就拥有多少能力。

有这样一则寓言故事。一位书生乘一条小木船过江。在小船行进过程中，他与船夫聊了起来，书生问："你知道阿基米得是谁吗？"船夫答："不知道。"书生又问："物理学的浮力定律你知道吗？"船夫有点茫然。书生接着问："这条小船为什么能浮在水面上呢？"船夫摇摇头，继续划他的桨。

书生很失望地说："知识虽然不是人生的全部，却是人生的重要组成部分，看来你缺乏了很多，也会失去很多。”

过了一会儿，天空乌云翻滚，江面上狂风骤起，小船凶猛地颠簸着。船夫说话了：“我想问您一个问题，您会游泳吗？”书生惊恐地回答：“我不会。”船夫很遗憾地说：“看来您将要失去人生的全部了！”

我们要学会“游泳”啊！读书得来的理论只是一种知识状态，实践、思考与创新才是一种更加现实的能力。因为学习的最终目的就是应用和创新。

我们学习的目的，正是为了获取这种应用和创新的能力。人生需要的并不仅仅是渊博的知识，还有生存能力。我们只有通过学习，掌握一定的能力，并让这种能力适应千变万化的社会需求，才能更好地生存和发展。

一个十七岁少年的理想——择业观

在民间，有一种叫“抓周”的习俗。有些人家在孩子出生以后，满一周岁的那一天，在大桌子上摆些像笔墨纸砚、算盘、刀剑之类的物件。之后把孩子抱出来，放到桌上，看看孩子先抓到什么东西。

然后，根据那一样东西来预测孩子的志向和未来的职业。如果抓到的是文房用具，这孩子今后可能成为有学问的文官，如果抓到的是刀剑，孩子可能会成为英勇的武将……反正，不能让孩子抓到撬门别锁之类的工具，谁也不希望自家的孩子成为盗贼。

用这种方式预测孩子的未来，虽然没有明确的科学依据，但表达了人们一种美好的愿望，希望后代能够有一个体面的职业，光宗耀祖，显赫门庭。

同学们周岁那天，也许你们举行了这种“仪式”，或许没有。但那一天，在你们的手里，肯定抓过一些东西，可能是碗筷、娃娃之类的餐具和玩具。如果那也算是“抓周”的话，能说明你们要吃喝玩乐一辈子吗？你们今后是一定要有谋生职业的。

这个习俗至少还能说明一个问题，从事一定的职业，是人们劳动谋生和个人发展的生存方式，也是人们参与社会化分工的主要方式。对职业的选择，几乎是每个人在特定的人生阶段必须面对的问题。

我觉得你们也该对自己的未来做一些生涯设计了。即使没有具体的想法，也该有一个目标。

早在一百七十多年前的德国，有一个十七岁的少年叫卡尔·马克思。在那个时候，他就开始对职业的选择进行认真思考了。我想，咱们真应该学习一下。

马克思在他十七岁中学毕业时，写了一篇毕业论文《青年在选择职业时的考虑》。文中表现了他对自己未来的严肃考虑："每个人眼前都有一个目标，这个目标至少在他本人看来是伟大的，而且如果最深刻的信念，即内心深处的声音，认为这个目标是伟大的，那他实际上也是伟大的……我们应当认真考虑：所选择的职业是不是真正使我们受到鼓舞？我们的内心是不是同意？……一个选择了自己所珍视的职业的人，一想到他可能不称职时，就会战战兢兢……在选择职业时，我们应该遵循的主要指针是人类的幸福和我们自身的完美……人们只有为同时代人的完美、为他们的幸福而工作，才能使自己也过得完美……我们的幸福将属于千百万人……"

如今，社会化分工越来越细致，职业的门类也越来越多，其中绝大多数职业，基本上已经实现了马克思的择业原则。

在这篇论文中，我们可以看到当年马克思的伟大的胸怀。"人类的幸福和我们自身的完美"，成了马克思选择职业的基本原则。这个原则也充分体现了人们对职业的高尚追求精神。

俗话说，人往高处走，水往低处流。对每个人来说，往高处走，可以理解为人都有积极进取的精神；对水来说，往低处流，也应该

理解为水应有的积极本性。

老子在《道德经·八章》中讲："上善若水。水利万物而有静，居众人之所恶，故几于道矣。居善地，心善渊……"他是说，最高尚的美德就像水一样，它滋养了万物以后才能平静下来；甘心留在地势低洼的地方，不跟别人争高低，所以水的禀赋显现了的精神境界；因为水甘心留在能发挥自己才能的地方，胸怀崇高远大的理想，能保持宁静深沉……

在这里，老子借用水的形态，表达了对水所蕴涵精神境界的理解。他对水的精神总结为"七善"，其中首先肯定了水能够"居善地"，水选择在地势低洼的地方，才能发挥它的长处。它向低洼流淌的过程中，才能够滋养万物。水"居善地"才能胜任自己的"职业"。

海阔凭鱼跃，天高任鸟飞。我们也可以从水那儿得到启发：客观地认识我们自己，知道自己的长处，找到自己的发展方向，做自己最擅长的工作。

达尔文在他的自传中表明了自己的认识。正因为他对自己的深刻认识，才使他把握住自己的素质特点，扬长避短，做出了突破性的成就。他十分谦逊又自信地谈到：“热爱科学，对任何问题都不倦思索。锲而不舍，勤于观察和收集事实材料，还有那么点儿健全的思想。”但又认为自己的才能很平凡：“我在想象上并不出众，也谈不上机智。因此，我是蹩脚的评论家。”他还对自己不能自如地用语言表达思想深感不满。

著名的电影制片人韩三平与国际知名的大导演吴宇森在电视上有一段对话，谈《三国志》改编成电影《赤壁》的拍摄规划。

这部电影将被打造成国际大片级的巨著，从投资到导演思想，再到后期制作，再到如何跻身国际市场……听完了这些以后，我儿子对将来想从事文化产业的想法表示了自己忧虑，甚至怀疑自己能担当得了吗。我想，如果他特别酷爱文化产业，他的那种忧虑和担心，就应该是马克思说的“一想到他可能不称职时，就会战战兢兢”。

“忧虑”也好，“战战兢兢”也罢，至少在其中，你像达尔文一样，发现了自己的一些不足。所以，我们就需要从现在开始，认真学习文化课，不断地吸收相关的知识，并学会应用这些知识。

人们对自己的认识不是一次就可以完成的，需要在实际学习和实践中不断再提高、再认识。同时，也需要得到一些及时的指导。

在通常情况下，我们一旦选择了真正感兴趣的职业，就找到了学习的动力，学习目标就会更加明确，学习效率也会不自觉地得到提高。今后，一旦从事了我们喜欢的职业，工作起来就会特别卖力，精力充沛，神采奕奕，而且能愉快地胜任。同时，还会在各方面让我们的才能得到充分发挥，并帮助我们迅速地成长进步。

发明家爱迪生几乎每天都在实验室里辛苦工作十几个小

时，在那里吃饭、睡觉，但他丝毫不感到艰苦。甚至他认为自己并不是在工作，所以他干起来没有任何负担。他每天都感觉其乐无穷。

爱迪生的职业精神也印证了马克思的论断——“如果我们选择了最能为人类福利而劳动的职业，那么，重担就不能把我们压倒，因为这是为大家而献身。”

同学们，你们做好职业选择的准备了吗？

孙子的生存谋略
——知己知彼

孙悟空会七十二变的法术，他会根据自己的需要，变成一些物件或动物。每当孙悟空变成小飞虫的时候，就是他的师傅被妖怪劫持的时候。

用这种方法，他总能找到唐僧被困的地方，能够及时了解当时的地形地貌，并能很快查明妖怪的身份。他在师弟们和天神的帮助下，曾经多次在不同情况下救出师傅，保证唐僧顺利完成西天取经的使命。

孙悟空最后也修成了正果，成为斗战胜佛。按理说，他这个“斗战胜佛”也应该是个军事家。因为，他能熟练应用“知己知彼”的战法。

春秋时期的孙子说过：“兵者，国之大事，死生之地，存亡之道，不可不察也。”这是他对用兵的谨慎态度。他的意思是说，用兵打仗是国家大事，关系到将士的生死，关系到国家的存亡，所以，必须认真审视详察。

孙子谈到取胜的前提条件时说：“知彼知己，百战不殆；不知彼

而知己，一胜一负；不知彼，不知己，每战必殆。”意思是，既了解敌人的虚实，又了解自己的强弱，就能百战百胜；不了解敌人，只了解自己，胜败的几率可能各占一半；即不了解敌人，又不了解自己，必然屡战屡败。

公元208年，刘备被曹操打得落花流水，逃到樊口。如果在这种情况下继续与曹军对抗，损失会更加惨重。这时除了与孙权联手以外，再也没有更好的选择了。

经过诸葛亮等人的斡旋，东吴与蜀汉联合在一起，准备共同对付南下征讨的曹魏大军。但在两军剑拔弩张之际，周瑜却吐血病倒了。

为此，诸葛亮给周瑜密书16个字：“欲破曹公，宜用火攻；万事俱备，只欠东风。”这十六个字揭开了周瑜的心事。

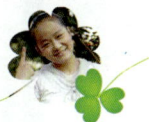

后来，孔明佯称自己可以借东风，帮助周瑜火攻曹营。接着，就引出了一幕火烧赤壁的历史大剧。

在联吴抗曹的问题上，诸葛亮知晓当时的军事形势，单靠孙、刘独自一方的力量，很难与曹操抗衡；同时他也了解，孙权害怕曹军压境，而失去自己在江东的地盘，所以他能说服孙权，成功地实现孙、刘联盟；他更知道，来自北方的曹军不习水性和曹军布阵的致命弱点，所以在具体战法上采取火攻；由于他通晓天文，可以预测天气变化，所以他会择时乘风而动。

这些，全依仗诸葛亮能够洞察秋毫，知己知彼。他的谋事用兵之妙，化险为夷之巧，扭转了当时的逆势。

知彼就是要全面了解敌人尤其是找出敌人的弱点。然后，才有

可能实施有效的应对战术。

在动物世界里，刺猬遇到敌害时，会把身子蜷缩成一团，竖起背部的刺，使敌人无从下口。但是遇上狐狸或黄鼠狼，它们就惨了。

狐狸能用细长的嘴刺入刺猬腹部，然后把它挑起来再抛向空中。经过反复摔打，刺猬就失去了抵御能力。

黄鼠狼则会对准刺猬头部，把臭液"注射"进去，麻醉刺猬，彻底解除它的"武装"。

只要能找到对手的致命弱点，就可以将它置于死地。在这些动物之间，就充分体现了"避实而击虚"的战法。

咱们探讨到这里可以发现，知道自己的实力又了解对手的实力，确实很重要。说到这儿，我觉得，我们还可以再思考一些问题，比如，咱们自身的缺点和错误，学习上的困难和障碍，生活中的迷茫和困惑等等，算不算也是我们的"敌人"或是"对手"呢？

只有全面了解"敌人"，知己知彼，同时找准进攻的突破点，胜利就会是我们的，成功也会是我们的。

精诚所至换来的生存机遇——永不放弃

精诚所至，金石为开。有两只蚂蚁不小心落进一只玻璃杯中。它们慌张地在玻璃杯底四处触探，它们发现，只有沿着杯壁向上攀爬，才这是通向自由的唯一出路。

然而，玻璃的表面实在太光滑了，它们刚爬了两步，就跌了下来。

继续吧，三次、四次、五次……有一次，眼看就快爬到杯口了，可惜，还是摔下来了，这一次比以前摔得都重，摔得更疼。

一只蚂蚁说："咱们不能再冒险了，否则，会摔得粉身碎骨的！"

另一只蚂蚁说："刚才，咱们离成功不是只差一步了吗？"说罢，它又重新开始攀登。

一次又一次地滑落跌倒，一次又一次地攀爬，最终它用最后一点力气，翻过了这道透明的围墙。

杯子里的蚂蚁隔着玻璃，哀怨地问它的同伴："快告诉我，你怎么获得成功的？"

获得自由的蚂蚁说："在困难的时候，谁不放弃努力，谁就可能

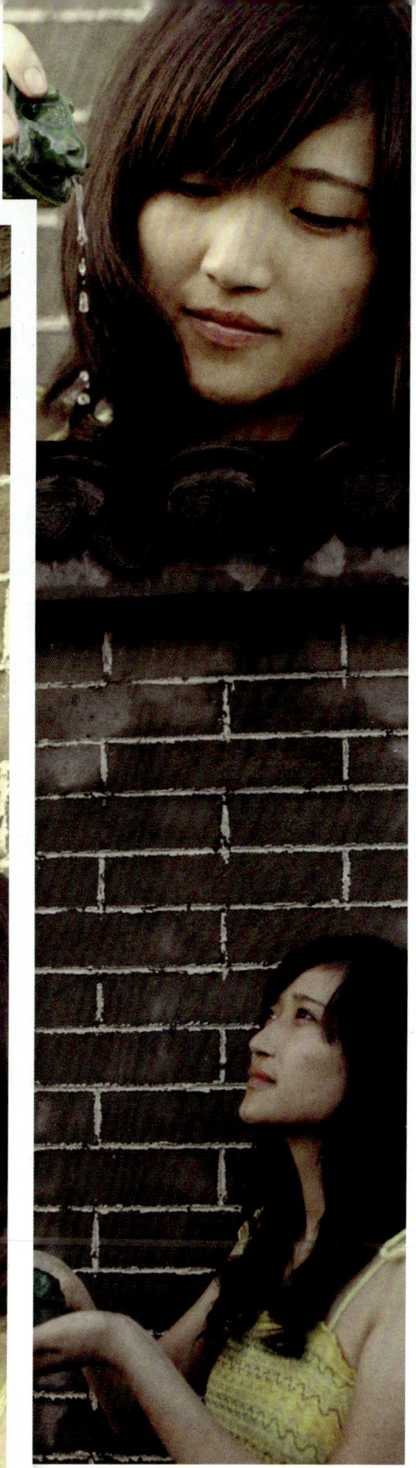

赢得胜利。”

对于每个人来说，都有可能遇到挫折。虽然遭受挫折的时候，会或多或少地引起心理上的郁闷、悲伤和烦恼等问题，感觉似乎什么事都不顺心，但关键是我们怎样面对挫折。

有些人在遇到困难的时候，往往挑选最容易做的事情，就是选择放弃和退缩。这不是能力问题，而是心态问题。他们经常对自己说：“看来不行了，我还是退缩吧。”结果只有失败。

与之相反，有些人遇到困难的时候，看到的是人生高度的新起点，所以不放弃积极的努力。他们经常对自己说：“我能！我能行！”所以，他们能够摆脱一个又一个困境，继续行走在成功的道路上。

其实，挫折只是一种短暂的不如意，因为挫折往往产生于暂时的逆境。面对逆境带来的挫折，我们不能被动地受到它的消极影响。因为逆境只能给人们造成暂时的障碍。在那些看似障碍的东西中，人们总能够找到有利的条件，然后就可以消除不利因素的影响，创造有利条件，经过锲而不舍的努力，把逆境变成顺境，最终能够战胜挫折，并帮助渴望成功的人们实现愿望。

这时，除了要有坚持精神之外，还要在不利的条件中，尝试怎样实现自己的愿望。现在，咱们跟着一对父子，去看看一个盲童的故事。

一天傍晚，一位父亲带着儿子出去散步，走过一片草地的时候，他们看见一个小男孩和一位妇女坐在一起。那个小男孩正用弹弓打一只立在墙根的玻璃瓶，那个瓶子离他有七八米远。儿子站在那个男孩身后，看他忽高忽低地打着那个瓶子。小男孩的弹弓打得很糟。

那位妇女坐在草地上，从身边捡起一颗石子，轻轻递到孩子手中，安详地微笑着。那孩子继续把石子打出去，然后再接过一颗。

儿子走上前去，对那位妇女说：“让我教他怎样打，好吗？”

那位妇女笑了一笑：“谢谢，不用！”接着，她顿了一下，望着孩子，轻轻地说：“他的眼睛看不见任何东西。但，别的孩子都能玩这个游戏。”

儿子怔了半晌，才喃喃地说：“可是他怎么能打中呢？”

“我告诉他，只要不偏离方向，一定会打中的。”那位妇女平静地说，“关键是他做了没有。”

儿子沉默了，他只知道大致方向啊！他们发现，小男孩打得很有规律。他打一弹，就向一边移动一点，然后再把大致的方向一点一点地调整回来。

天色渐渐暗了下来，那瓶子的轮廓也看不清了，父子二人便转身走开了。

没走多远，他们听到了瓶子被打碎的声音！很清脆！很清脆……

这个盲童的故事能够给我们很多启发。虽然双目失明，但在妈妈的指导下，他知道大致的方向，并一直不停地努力尝试着，最后终于听到了那个很清脆的声音。

我们在做事的时候，也会遇到挫折，但千万不要轻易灰心和放弃。只要不断地用力敲，成功的大门终究会有被打开的时候。

只要我们在不懈的努力过程中，对各种不利因素进行积极的转化，就能为成功找到有效的支点。阿基米得曾说：“给我一个支点，我可以撬起整个地球。”这个支点，不仅是我们实现愿望的方法和技巧，也是我们永不放弃的精神。

打开成功之门的神奇钥匙——提高注意力

小时候，你们一定特别喜欢看电视动画片。那时也许你们坐在电视机前，眼睛直勾勾地盯着屏幕。爸爸妈妈喊你们吃饭时，你们依然还是那种直勾勾的样子，没有应声，甚至让人怀疑你们的耳朵出了“毛病”。其实，那是一种不受外界干扰的状态，也是一种全神贯注的状态，真有点像庄子说的“呆若木鸡”。

如果你们能用看动画片的状态学习其他形式的知识和技能，你们一定会很优秀。

怎样才能用太阳光点燃一根火柴？答案很简单，用凸透镜把阳光聚集在一点上，并持续下去就行了。一个人怎么样才能有所成就呢？答案也很简单，把所有的精力都投射到自己的目标上去，并持之以恒就行了。

很多科学家的故事，都能说明这个道理。

物理学家牛顿招待朋友在自己家里吃饭，饭菜都已经摆在桌子上了，牛顿却没有从书房里出来。这位朋友早已熟悉了牛顿的习惯，就独自一个人先吃了起来。他想和牛顿开个玩笑，就把吃剩下的烧鸡骨头放回盘子里，然后盖上盖就离开了牛顿的家。

几个小时后，牛顿从书房里出来，他感到肚子似乎饿了。当他看到盘子里的鸡骨头时，自言自语道："我还以为没吃呢，又弄错了！"说完，又回到书房里去了。

数学家陈景润曾因攻克哥德巴赫猜想而闻名于世界。一次，他一边走路，一边想他的数学问题，不知不觉中和什么东西相撞了，他连声抱歉，但对方没有任何反应。他抬头一看，原来是一棵树。

这些是科学家的趣谈，也是他们全神贯注的生动表现。他们思考问题时太专心了，以至对于思考问题之外的事情一点也没有在意。在心理学上，把这种现象，就叫做"注意"。

现在咱们正在探讨"注意"的相关问题。所以，我特别提醒，请你们也要注意！

注意是我们非常熟悉的一种心理现象。在清醒的状态下，人们的注意活动总是经常地进行着，只不过注意的对象可能随时在变化着。

注意是一种意向活动。在我们的学习和生活中，人们经常注意观察一些物体，或者注意思考一些问题等，注意都在这些行为中起着主导的作用。

对注意的重要作用，我们可以这样认识：如果我们不注意客观事物，我们的观察、思维等认识和活动也就不能正常地进行了。

人们经常用"专心"或者"全神贯注"等词汇，对注意的状态进行描述。

成功学家拿破仑·希尔曾经把"专心"比作一把神奇的钥匙，这把神奇的钥匙能产生一股无法抗拒的力量。在这把神奇钥匙的帮助下，人们已经打开了各种伟大发明的秘密之门，所有的伟大天才也都是借助这种神奇力量成长起来的。这把神奇的钥匙，我们也可以称作“全神贯注”。

而“专心”和“全神贯注”基本上没有任何区别，都是注意力集中的一种精神状态，目的是实现自己的目标。在“专心”和“全神贯注”中，体现出了注意的高度稳定性，坚持的时间越长，稳定性就越高。

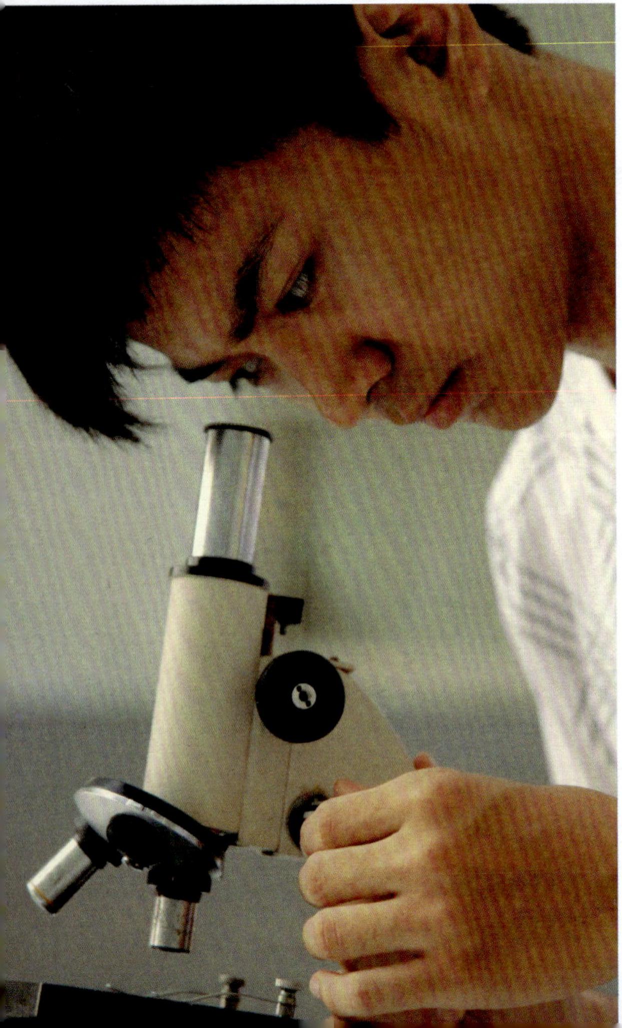

可以说，“专心”和“全神贯注”最根本的实质，就是注意力的高度、长时间集中，而且一直把注意力集中到实现目标为止。这也是衡量一个人注意能力的重要方面。

世界著名的大发明家爱迪生，在接受记者采访时，谈了他的成功体会，他说：“对大多数人而言，他们肯定是一直在做一些事，唯一的问题是，他们做很多很多事，而我只做一件。假如他们将这些时间运用在一个方向、一个目的上，他们就会成功。”

做任何事情，要获得成功都离不开对目标的全神贯注，离不开注意力的集中。

有的人注意力非常容易分散或不稳定，这就是平时人们所说的注意力不集中。在很大的程度上，不集中注意力就很难把事情做好。

很多情况下，我们之所以无法集中注意力，主要是有许多干扰容易使我们的注意分散。这时就要学会抗干扰。少年的毛泽东为了练习抗干扰的能力，曾经捧着书在村口人多的地方读书，渐渐地学会了“闹中取静”。后来，即使在行军打仗的时候，他也能抽出时间读书学习。

大多数人都有这样的亲身体会：如果你不喜欢一个电视节目，那么无论这个节目怎样精彩你都不会在意，更不会耐心地看完。也就是说，如果对注意的对象没有兴趣，提高注意力就是根本不可能的事情。所以，如果想要做到全神贯注，就一定要培养对观察对象的兴趣。

一个人如果休息不好，就不会有精力保证注意力，也很难做好一些事情。特别是需要长时间集中注意力的时候，更是如此。因此，一定要保证充足的睡眠时间。尤其是在迎接挑战性任务的非常情况下，高质量的休息是获取成功的精力保障。

在提高集中注意力方法研究上，许多心理学家、教育家也总结出很多可行的办法。现在，咱们可以借鉴过来。

许多人在念书报时，总是用手指在字里行间移动；会计在阅读财务报表，累计一连串数字时，经常用手中的笔沿着一长串数字划动，以便引导视线移动。读者的手指和会计手中的笔就是“视力引导工具”，在阅读时可以克服注意力的分散。这种方法就叫“视力引导法”。

康德是德国伟大的哲学家，每当他坐在书房里沉浸在冥想之中时，经常将目光注视在窗外远方的风车上，一边专心地注视，一边思考问题。当我们注视某一点时，对可能分散注意的东西就“视而不见”了，注意更容易集中。这种方法叫“凝视法”。

每当听到与自己的观点针锋相对的言论，我们一定会洗耳恭听，目的是想随时找出对方的破绽，及时回应做出针对性的评论。反过来，当我们发现对方注意力不集中时，可以故意出一点小错。然后让他们找出来，可以引起他们的注意。这种方法叫“挑剔法”。

你们在今后的学习中，还会发现更多提高注意力的方法。要实现愿望，获得成功，咱们也要提高集中注意的能力，全神贯注地做好每一件事情。

《百万英镑》的作者马克·吐温说：“只要专注于某一项事业，就一定会做出使自己吃惊的成绩来。”我们也专注吧，全神贯注地致力于我们的理想吧，我们一定会成功。

有一种诺言比不怕死更需要勇气——服从命令

在攀岩登山运动中，登山攀岩者通过相互配合来完成目标任务。

他们往往几个人共同使用一条安全绳，共同攀过一条路径。大家连在一条绳上时，从上到下的排列顺序也有明确的规定，最年轻的在最上端，最年长的在最末端。

直至目前，登山攀岩运动仍在采用这种方法，主要目的是为了发挥集体的力量，有效地保证每一个参与者的安全，最大限度保证最年轻选手的安全。可以说，这时自己的生命往往掌握在别人手里，别人的生命往往也掌握在自己手中。

有一部电影，讲述了一个父亲和儿子、女儿三人征服垂直高度的攀岩故事。

一次，三人在同时攀登一个陡直的山岩时，女儿在顶端，儿子在中间，父亲则在安全绳的末端，他们已经攀到很高的位置。由于山体表面风化严重，儿子使用的岩楔子突然从岩缝中蹦出，三个人悬挂在空中。这时，由于固定点减少，安全绳的承受力过于集中，女儿在顶端的几个固定点也在松动，随时有三人同时坠落的危险。

为了保证儿子和女儿的安全，悬挂在最下端的父亲向儿子发出坚决的命令——减轻重量！割断他那一段安全绳！……儿子痛苦地含着热泪拔出刀子……父亲跌落到峭壁之下……

伟大的父亲牺牲了自己，把生的机会留给了亲爱的儿子和女儿。这是一个超越生命意义的崇高命令，也是一个由儿子亲手割断亲人生命血脉的，痛苦得无以复加的服从！这种服从往往比不怕死更需要勇气。

随着你们年龄的增长，肩负的社会责任也会越来越多，越来越大。

服从，是指个人按照社会要求、规范或别人的愿望而作出呼应的行为。这种行为是在外界压力的影响下被迫发生的。这里讲的外界压力影响有两种类型，一种是在有组织的群体规范下的服从，如遵纪守法，维护社会秩序等；另一种是对权威命令的服从，如一切行动听指挥，下级服从上级等。

个人服从集体，少数服从多数，下级服从上级，是社会群体所强调的社会组织原则。这是维护和增强群体生命力、战斗力的重要保障。个人对社会群体的各项政策，法律以及各种规章制度，不管自己愿意不愿意，都是必须服从的。

在群体活动中，有时人们还会对学识渊博、德高望重的权威表现出服从，这种服从往往也是无条件的。对权威人士的服从，可能是出自对权威的敬仰，发自内心的信服，也可能是对权威的惧怕，违心地屈服。

人们的服从行为，可能与自己的愿望有一定的差距。一般说来，不至于因为差距的存在，而引起内心矛盾和冲突。但是，当权威

的要求与个人的道德伦理观念发生很大矛盾时，要求不合理或者不合情时，个人就会表现出不服从或者不愿服从的情况。在这种情况下，即使个人违背了自己的意愿服从了命令，精神上都会感到痛苦和不安。

在以上的探讨中，我们可以明白，服从经常是被迫的。在正常情况下，对行政命令、群体规范或权威意志的服从，是无条件的，带有一定的强制性。

同时，咱们还应该进一步理解，服从并不意味着是对个性发展的限制，而是通过服从，形成集体、团队的合力的保障，也是生命力、战斗力的体现。

汉代大将军周亚夫在细柳屯军，汉文帝前往慰问。皇帝还没有到达军营之前，就得到通知：大将军有令，军营之中车马一律缓行。周亚夫全副披挂，在马上行礼：“臣甲胄在身，不便大礼，万望恕罪。”

明代抗倭名将戚继光，在东南沿海一带早就声威远扬了。后来，他被征调至山海关任蓟辽总督。原来驻守的官兵对戚继光和他的身材又矮又瘦的三千“南军”不以为然。一天“戚家军”正在操练，在瓢泼大雨中，全体官兵一招一式如临阵前，赢得了北方军官兵的赞叹和心服。

也许，汉文帝的大臣们气愤周亚夫不讲情理。也许，明代北兵不理解戚继光的严厉。然而，一丝不苟地实施命令的周亚夫才成了平定“七王之乱”的重臣，纪律严明的戚继光使镇守的辖区数十年无外扰。

人们可以看到，一群生龙活虎的人，绝对地服从于一个高尚的意志，此将构成可怕的战斗力。

在任何情况下，不讲任何条件，能自觉自愿、准确高效地服从，只有经过长期的潜移默化的训练才能达到。也就是说“服从”也需要训练。

西点军校的“兽营”，在西点新生们的脑海中留下的印象是极为深刻的。在那儿，“兽营”训练是在新生入学后的前八周进行的，其中每一天，几乎不给学员自己留下任何自由支配的时间和余地。

在西点，“恶作剧”具有极为悠久的传统。服从于学校的规定，服从于团体的规范，可能相对容易。而面对面、无保留地服从一个学长，甚至在受到侮辱，明知道被捉弄的情况下，也要服从。

“你，左边数第二位……”

一声令下，倒霉的新生就得乖乖地走出队列，保持直挺挺的姿势，直到学长大发慈悲……

其实，种种强迫的服从，有助于新学员养成不讲条件、绝对服从的习惯，使他们在强大的心理压力下，在极度紧张的状态中，能保持平静和自制，能够更好地应付未来的各种环境。

在大多数情况下，服从群体规范都是自觉自愿的，但在有些方面也可能是被迫的，被迫的“服从”形成了习惯以后，就会变成自觉的“服从”。例如，行人要走人行道，过马路要走斑马线，就是从被动服从到自觉服从的过程。特别是在紧急情况下，群体成员必须接受统一的命令和指挥，服从行为就显得更为重要。

良好的服从行为和服从精神，对于维护法律的尊严，执行严明的纪律，协调人际关系，提高群体效率，形成良好的社会风尚，都具有十分重要的作用。

“工欲善其事，必先利其器”——成功的准备

我们出门旅行之前，一定要做好出行之前的准备。在收拾行李时，先分类列出一个必需品的清单，再一件一件地装进行李箱，而且这个清单可以在每次旅行之前作提示、参考使用，会让我们感觉到有条不紊，也不容易丢三落四的了。

其实，这是我们做好一些事情的效率原则，也是获得成功的基本保障之一。

咱们也可以从一些动物身上，形象地理解这个准备的过程。同时，我们会发现，做好准备对生存意味着什么。例如，鼹鼠捕捉猎物的做法，就能给我们很好的启发。

鼹鼠大部分时间都在储藏室里发现数以千计的昆虫

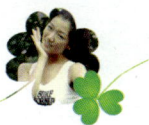

猎物。

鼹鼠不知疲倦地挖洞，就是为了做好栖身和狩猎的准备。这些准备做好了，才能为自己更好地生存提供充分和必要的条件。哪怕多费些精力，往往会有一劳永逸的效果，达到事半功倍的目的。

还有一则寓言故事，从反面说明了准备对于生存的重要性。

在非洲大草原上，有一匹狼，在享受完猎物之后，安逸地躺在草地上睡觉。这时，它的同伴从远处跑回来，气喘吁吁地对它说："你怎么还躺着？狮子的领地已经扩张到咱们这里来了！还不赶快出去看看，有没有别的地方适合咱们居住！"

"狮子是我的哥们儿，有什么好紧张的？再说这里的羚羊多了去了，足够狮子享受的。"躺着的狼若无其事地说。它的同伴只好悻悻地走了。

后来，狮子真的来了，只来了一只。但由于狮子的到来，羚羊的

奔跑速度变得比以前更快了，这匹狼再也不像从前那样轻而易举就能获得食物了。当它再想寻找别的去处时，却发现食物充足的地方早已经被其他动物捷足先登了。

看来，危机无处不在，唯有踏踏实实地做好准备，才是真正的生存之道。无论从鼹鼠还是从那匹狼的身上，都反映出整个自然界优胜劣汰的生存法则。当然，人类更不例外。

“工欲善其事，必先利其器。”这个“器”的“利”，就是一种充分的准备。这样看来，做任何事情要想获得成功，就必须做好充分的准备，才能事半功倍。

成功总是青睐那些有准备的人。许多人常常不做好充分的准备就匆匆上阵，想轻而易举地迎接成功的到来，这几乎是不可能的。事实上，如果人们不为成功做准备，想要获得成功是很困难的。就好像我们面对一桌丰盛的佳肴一样，假如我们没有健康的胃口，就无法去快乐地享受它们。成功不仅需要执著、刚毅、志向高远的胸怀和勇往直前的精神，还需要在行动之前做好充分的准备。

古今中外，因为做好充分的准备而获得成功的事例比比皆是。

宋代大诗人梅尧臣满腹经纶、出口成诗。有人对他横溢的诗才感到惊讶，便留心观察他的“秘诀”何在，后来发现他无论走路、吃饭还是游玩，手里常常拿着一支笔，时而在一张小纸条上写几下，而后就把小纸条装进一个布口袋中。待有人打开他那布口袋细看时，嗬！上面写得全都是一联、半联的诗句，原来梅尧臣的秘诀就在于“积”。

元末明初的陶宗仪是江苏松江的一位乡村教师。《明史》上说，他在教学之暇，亲躬耕耘，小憩的时候，每每把自己的治学心得和诗作、见闻写到伸手摘下的树叶上，然后把它们放在一口瓮里，满了，就埋在树下。10 年过去了，装满树叶的瓮有了几十个。一天，他让学生们把那些瓮都挖出来，再将叶子上的文字加以抄录整理成书，这就是我们今天尚可看到的长达 30 卷的《辍耕录》。

现在，我们不妨检查一下自己，问问自己已经为成功做了哪些准备呢？

譬如，你们有没有确立自己的目标，并将全力以赴地在为之奋斗？你们有没有已经为了实现目标，甘于寂寞地收拾好自己的行装？

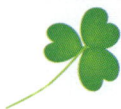

结　　语
止于至善的黄金人生

美国著名管理大师彼得·德鲁克认为，每个人必须对自己的成长负责任，要专注于自己该做的事情，并且要做到无懈可击；在每个人的自我成长过程中，首要的课题是追求卓越；而决定我们成功的关键恰恰是每个人必须面对的责任，只要对自己负责，其他事情自然就会水到渠成。德鲁克一直强调，“一个人想要有所成就，除了不自满，更要有精益求精的心态。”

锻造我们的黄金人生的过程，是一种自我不断完善、精益求精的过程，是一种成功人生不断修炼的过程。

因为，人生中有善行也有恶行。恶的那一部分，往往被压在我们自己都无法察觉的地方，并且以我们同样无法察觉的方式，影响着我们的思想和行为。谁占了上风，或者谁胜过了对方，在人们思想和行为表现中，谁的特征就突出。

这在一定意义上，就是需要我们不断克服人类自身的弱点，把最优秀的、最善良、最积极的人性情操发扬光大；把制约、束缚个人成长的不良品质，不断从我们人生词典中删除；把诱使我们误入歧

途的邪恶，不断地击垮。

列夫·托尔斯泰说："生活的目标是善良。这是我们的灵魂所固有的一种感情。"人类的发展不正是在善与恶的斗争中，在人们对善良的极力弘扬和对邪恶的努力征服过程中，逐步摆脱野蛮而奔向文明的进步吗？

就如傅雷先生曾经说过的，"真正的光明不是没有黑暗，而是不被黑暗所吞噬；真正的英雄不是没有卑劣的情操，而是不被卑劣的情操所征服。"

在《大学》里有这样的论述："大学之道，在明明德，在亲民，在止于至善。"这个明理之言是说：为人之道，在于使人民亲近于道德而受到感召，而最终目的就是为了将善推及于任何一个人，将善推及到极致的境界。"

在人类的进步过程中，一切美好幸福都是从完善自我开始，到"善"的结局，中间还一直伴随着一切的"善"。

作　者